노인·치매·실어증 언어재활

작업기억 기반 인지-의사소통 워크북 2

의사소통 편

이미숙 · 백려정 · 황은지 공저

학지사

노화 단계에서는 예기치 못한 갖가지 변화가 찾아온다. 인지-의사소통 능력이 이전과 다를 뿐 아니라 뇌졸중에 의한 실어증, 주관적 인지저하(subjective cognitive decline), 경도 인지장애(mild cognitive impairment), 치매 등의 신경학적 질환을 겪기도 한다. 고령화 추세에 따라 노년기의 이 같은 변화에 이목이 집중되고 있으나, 인지-의사소통 기능을 유지하고 삶의 질을 높이기 위한 구체적인 방법은 여전히 미흡한 실정이다.

이 책은 가속화되는 국내 고령화 현황과 그에 따른 요구로부터 출발했다. 특히 정상 노화 과정 및 신경학적 질환에 의한 인지-의사소통 기능의 변화를 현명하게 극복하는 데 필요한 예방적 중재 방안을 체계적으로 제시하고자 했다. 이를 위해 인지-언어의 다영역적 처리에 관여하는 작업기억 능력을 바탕으로 의사소통 기능을 향상시킬 수 있는 훈련에 중점을 두었다. 따라서 이 책은 임상 현장에서 실어증, 주관적 인지저하, 경도인지장애, 치매 등으로 인한 인지-의사소통 문제를 다루는 언어재활사, 그리고 재활 관련 분야, 심리학, 노인학, 사회복지학 등 유관 학문의 전문가가 두루 활용할 수 있다. 또한 노화로 인한 변화에 직면해 있거나 미리 대비하고자 하는 노인과 그 가족, 노인의 인지와 언어에 관심이 있는 일반인도 실용적으로 참고할 수 있다.

이 책은 총 3권으로 구성되었다. 제1권에서는 작업기억(위치, 순서, 어휘), 제2권에서는 의사소통(이름대기, 어휘-의미 추론, 표현, 읽기 이해, 쓰기), 제3권에서는 일상생활 연계 활동(상징과 색깔, 그리기, 기타)을 다룬다. 각각에는 다양한 유형의 과제와 문항들이 수준별로 제시되어 있다.

이 책이 노화 과정에 있거나 실어증, 치매 등의 신경학적 질환을 겪는 성인, 언어병리학 및 유관 학문의 임상가와 전공자, 기타 일반인에게 도움이 되기를 고대한다. 다만 저서로서의 부족함은 추후 지속적인 연구를 통해 보완해 나갈 것이므로 독자들께 미리 양해를 구한다. 출간을 위해 애써 주신 학지사 측과 담당자께 깊은 감사의 말씀을 전한다.

2025년 4월

대표 저자 이미숙

1. 의사소통: 이름대기 I

Level 01

2. 의사소통: 이름대기 I

Level 02

3. 의사소통: 이름대기 II

Level 01

4. 의사소통: 이름대기 II

Level 02

5. 의사소통: 어휘-의미 추론

Level 01

6. 의사소통: 어휘-의미 추론

Level 02

7. 의사소통: 표현

Level 01

8. 의사소통: 표현

Level 02

9. 의사소통: 읽기 이해 Level 01

10. 의사소통: 읽기 이해 Level 02

11. 의사소통: 쓰기 Level 01

12. 의사소통: 쓰기

Level 02

1. 의사소통: 이름대기 I

Level 01

※ 정답은 p. 269

1) 첫소리 기억하기

»› 네 글자로 된 단어의 첫 음소를 기억한 다음 문자판에서 찾아보세요.

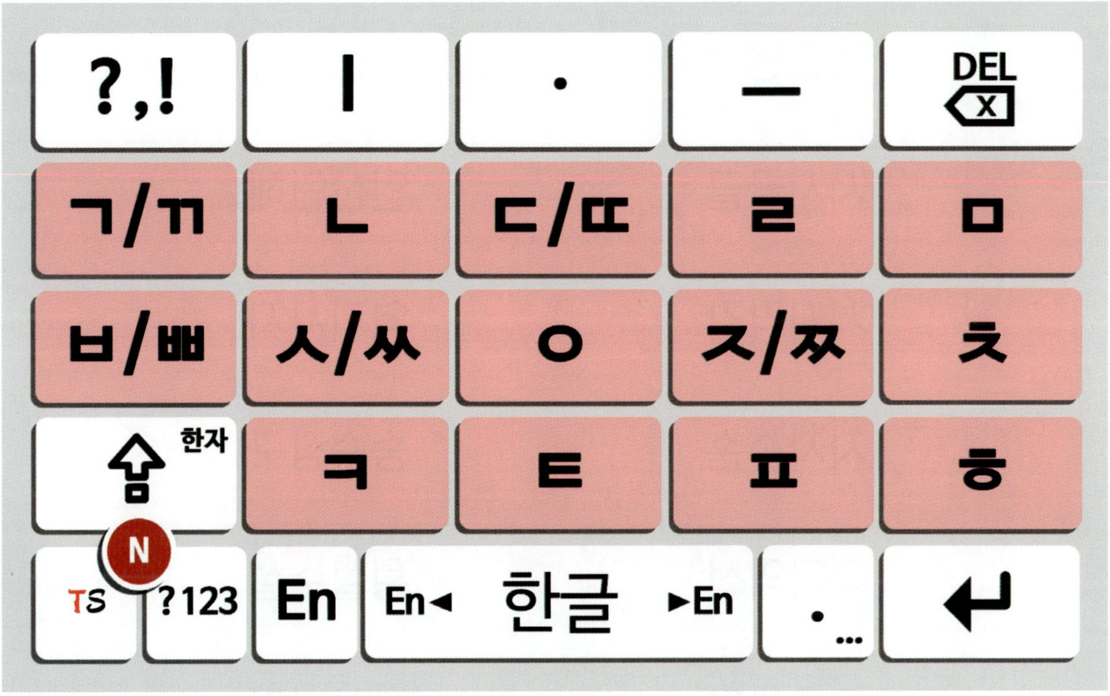

예 시

남녀노소 ▶ ㄴ ㄴ ㄴ ㅅ/ㅆ

1.

막상막하	삼삼오오
수수께끼	알음알음
각양각색	장유유서
강강술래	뒤죽박죽
무궁무진	이열치열
연말연시	설상가상
시시콜콜	인산인해
시시각각	역지사지
자자손손	승승장구
다다익선	횡설수설
우유부단	사사건건
자신만만	갈팡질팡

※ 앞 페이지 문자판으로 이동

2.

수레바퀴	아프리카
소매치기	자린고비
우리나라	해바라기
엉망진창	신토불이
불가사리	비석치기
호주머니	동상이몽
산들바람	바야흐로
국무총리	데릴사위
노심초사	말괄량이
장바구니	위계질서

2) 초성 퀴즈

》 할머니는 손자의 메모를 보고 가출 사실을 알았습니다. 메모지에는 초성으로 표기된 단어가 포함되어 있습니다. 할머니는 과연 손자를 찾을 수 있을까요?

할머니 죄송해요.

KTX를 타고 ㄱ ㄹ 로 갈 거예요.

저를 찾지 마세요.

1. 할머니는 손자를 찾기 위해 서울역에 갔습니다. 손자가 탄 기차는 실제로 몇 시에 출발할까요?

현재시간: 13:12

열 차 출 발 안 내

출발시간	열차종류	열차번호	도착역	탑승장	지연
13:20	SRT	111	ㅂㅅ	6	
13:40	KTX산천	113	ㅁㅍ	5	
13:40	SRT	115	ㄷㄱ	6	
13:50	KTX	117	ㅇㅅ	5	15분
13:50	KTX산천	121	ㄱㄹ	4	20분
14:00	KTX산천	119	ㅈㅈ	7	10분

2. 보기를 보고 도착지의 이름에 동그라미를 치세요.

보 기

울산　강릉　부산　목포　진주　대구

3) 빈칸 채우기

≫ 다음 문장을 보고 빈칸에 알맞은 단어를 채워 보세요.

1.

시장에 가면 ______도 있고, ______도 있고, ______도 있고, ______도 있고, ______도 있고, ______도 있고, ______도 있고, ______도 있고, ______도 있고, ______도 있다.

2.

병원에 가면 ______도 있고, ______도 있고, ______도 있고, ______도 있고, ______도 있고, ______도 있고, ______도 있고, ______도 있고, ______도 있고, ______도 있다.

3.

미용실에 가면 ______도 있고, ______도 있고, ______도 있고, ______도 있고, ______도 있고, ______도 있고, ______도 있고, ______도 있고, ______도 있고, ______도 있다.

4.

편의점에 가면 [ ] 도 있고, [ ] 도 있고, [ ] 도 있고, [ ] 도 있고, [ ] 도 있고, [ ] 도 있고, [ ] 도 있고, [ ] 도 있고, [ ] 도 있고, [ ] 도 있다.

5.

약국에 가면 [ ] 도 있고, [ ] 도 있고, [ ] 도 있고, [ ] 도 있고, [ ] 도 있고, [ ] 도 있고, [ ] 도 있고, [ ] 도 있고, [ ] 도 있고, [ ] 도 있다.

6.

정육점에 가면 [ ] 도 있고, [ ] 도 있고, [ ] 도 있고, [ ] 도 있고, [ ] 도 있고, [ ] 도 있고, [ ] 도 있고, [ ] 도 있고, [ ] 도 있고, [ ] 도 있다.

7.

생선 가게에 가면 ______도 있고, ______도 있고, ______도 있고, ______도 있고, ______도 있고, ______도 있고, ______도 있고, ______도 있고, ______도 있고, ______도 있다.

8.

카페에 가면 ______도 있고, ______도 있고, ______도 있고, ______도 있고, ______도 있고, ______도 있고, ______도 있고, ______도 있고, ______도 있고, ______도 있다.

9.

식당에 가면 ______도 있고, ______도 있고, ______도 있고, ______도 있고, ______도 있고, ______도 있고, ______도 있고, ______도 있고, ______도 있고, ______도 있다.

4) 모음으로 단어 만들기

>>> 제시된 모음으로 이루어진 단어를 10개 이상 만들어 보세요.

1. ㅗ ㅣ

예) 동심, 고기

2. ㅏ ㅜ

3. ㅓ ㅣ

4. ㅗ ㅜ

5. ㅜ ㅗ

6. ㅏ ㅓ

7. ㅣ ㅗ

8. ㅣ ㅣ

9. ㅓ ㅓ

5) 자음으로 단어 만들기

≫ 제시된 자음으로 이루어진 단어를 10개 이상 만들어 보세요.

1. ㄱ ㅂ

예) 가방, 기분

2. ㅎ ㄴ

3. ㅅ ㅁ

4. ㅁ ㅁ

5. ㄴ ㄹ

6. ㅂ ㅈ

7. ㄷ ㅎ

8. ㅌ ㅇ

9. ㄱ ㄹ

10. ㅍ ㄷ

6) 동사 말하기

》 다음 단어와 연결할 수 있는 동사를 최대한 많이 말하거나 써 보세요.

1. 새 [   ].

예) 쪼다, 노래하다

2. 머리 [   ].

3. 손 [   ].

4. 얼굴 ______.

5. 나무 ______.

6. 모자 ______.

7. 물 ______.

8. 밥 [ ].

9. 옷 [ ].

10. 종이 [ ].

7) 명사 말하기

»» 다음 동사와 연결할 수 있는 명사를 최대한 많이 말하거나 써 보세요.

1. [ ] 치다.

예) 피아노, 뒤통수

2. [ ] 주다.

3. [ ] 읽다.

4. [ ] 불다.

5. [ ] 피다.

6. [ ] 즐기다.

7. [ ] 오르다.

8. [ ] 타다.

9. [ ] 찾다.

10. [ ] 가다.

8) 같은 글자로 시작하는 단어 말하기

》 제시된 단어 쌍의 각 첫 글자가 같은 단어 쌍을 만들어 보세요.
단, 제시된 단어 쌍과 동일한 순서여야 합니다.

예 시

오이 - **수**박 | **오**징어 - **수**레

1. 노랑 - 거래 ______

2. 사거리 - 단계 ______

3. 객실 - 찬사 ______

4. 씨앗 - 큰집 ______

5. 얼굴 - 미술 ________________

6. 당뇨병 - 팔짱 ________________

7. 방울 - 열정 ________________

8. 리본 - 다용도 ________________

9. 바지 - 축하 ________________

10. 자금 - 털옷 ________________

9) 같은 글자로 끝나는 단어 말하기

»» 제시된 단어 쌍의 각 마지막 글자가 같은 단어 쌍을 만들어 보세요.
단, 제시된 단어 쌍과 동일한 순서여야 합니다.

예 시

오이 - 수박 　 차**이** - 표주**박**

1. 늦잠 - 거북 　 ______

2. 사거리 - 장구 　 ______

3. 객실 - 찬사 　 ______

4. 음악 - 큰집 　 ______

5. 얼굴 - 미술 ____________________

6. 당뇨병 - 고장 ____________________

7. 방울 - 열정 ____________________

8. 리본 - 다정 ____________________

9. 바지 - 축하 ____________________

10. 자금 - 털옷 ____________________

2. 의사소통: 이름대기 Ⅰ

Level 02

※ 정답은 p. 274

1) 첫소리 기억하기

››› 단어의 초성을 잘 기억한 후 다음 페이지에 그대로 적어 보세요.

예 시

우뭇가사리 → ㅇ ㅁ ㄱ ㅅ ㄹ

1. 자원봉사자

※ 다음 페이지 문제 1로 이동

2. 가화만사성

※ 다음 페이지 문제 2로 이동

3. 가스레인지

※ 다음 페이지 문제 3으로 이동

4. 미스코리아

※ 다음 페이지 문제 4로 이동

»» 앞에서 기억한 단어의 초성을 적어 보세요.

문제 1.

문제 2.

문제 3.

문제 4.

>>> 단어의 초성을 잘 기억한 후 다음 페이지에 그대로 적어 보세요.

5. 거짓말쟁이

※ 다음 페이지 문제 5로 이동

6. 결혼기념일

※ 다음 페이지 문제 6으로 이동

7. 엄지손가락

※ 다음 페이지 문제 7로 이동

8. 비닐하우스

※ 다음 페이지 문제 8로 이동

9. 웨딩드레스

※ 다음 페이지 문제 9로 이동

10. 오케스트라

※ 다음 페이지 문제 10으로 이동

11. 법무부장관

※ 다음 페이지 문제 11로 이동

12. 레모네이드

※ 다음 페이지 문제 12로 이동

››› 앞에서 기억한 단어의 초성을 적어 보세요.

문제 5.

문제 6.

문제 7.

문제 8.

문제 9.

문제 10.

문제 11.

문제 12.

»» 단어의 초성을 잘 기억한 후 다음 페이지에 그대로 적어 보세요.

13. 외나무다리

※ 다음 페이지 문제 13으로 이동

14. 대전광역시

※ 다음 페이지 문제 14로 이동

15. 화이트보드

※ 다음 페이지 문제 15로 이동

16. 승정원일기

※ 다음 페이지 문제 16으로 이동

17. 슬로바키아

※ 다음 페이지 문제 17로 이동

18. 진공청소기

※ 다음 페이지 문제 18로 이동

19. 무척추동물

※ 다음 페이지 문제 19로 이동

20. 콜레스테롤

※ 다음 페이지 문제 20으로 이동

»» 앞에서 기억한 단어의 초성을 적어 보세요.

문제 13.

문제 14.

문제 15.

문제 16.

문제 17.

문제 18.

문제 19.

문제 20.

2) 초성 퀴즈

≫ 제시된 단어의 초성을 말하거나 써 보세요.

1. 무병장수 __________
2. 고진감래 __________
3. 천차만별 __________
4. 함흥차사 __________
5. 사필귀정 __________
6. 작심삼일 __________
7. 일거양득 __________
8. 타산지석 __________
9. 속수무책 __________
10. 과대평가 __________

11. 금상첨화 ______________________

12. 칠전팔기 ______________________

13. 사필귀정 ______________________

14. 희로애락 ______________________

15. 새옹지마 ______________________

16. 관혼상제 ______________________

17. 명실상부 ______________________

18. 막상막하 ______________________

19. 백년해로 ______________________

20. 십시일반 ______________________

21. 크리스마스 ______________________

22. 공무도하가 ______________________

23. 다이아몬드 ______________________

24. 세잎클로버 ______________________

25. 국회의사당 ______________________

26. 양송이버섯 ______________________

27. 자동판매기 ______________________

28. 너도밤나무 ______________________

29. 담쟁이넝쿨 ______________________

30. 오른손잡이 ______________________

3) 빈칸 채우기

>>> 다음의 문장을 보고 빈칸에 알맞은 단어를 채워 보세요.

1.

서랍 안에는 ______도 있고, ______도 있고, ______도 있고, ______도 있고, ______도 있고, ______도 있고, ______도 있고, ______도 있고, ______도 있고, ______도 있다.

2.

주방에는 ______도 있고, ______도 있고, ______도 있고, ______도 있고, ______도 있고, ______도 있고, ______도 있고, ______도 있고, ______도 있고, ______도 있다.

3.

창고에는 ______도 있고, ______도 있고, ______도 있고, ______도 있고, ______도 있고, ______도 있고, ______도 있고, ______도 있고, ______도 있고, ______도 있다.

4.

버스정류장에는 [ ]도 오고, [ ]도 오고,
[ ]도 오고, [ ]도 오고, [ ]도 오고,
[ ]도 오고, [ ]도 오고, [ ]도 오고,
[ ]도 오고, [ ]도 온다.

5.

잡채를 만들 때는 [ ]도 넣고, [ ]도 넣고,
[ ]도 넣고, [ ]도 넣고, [ ]도 넣고,
[ ]도 넣고, [ ]도 넣고, [ ]도 넣고,
[ ]도 넣고, [ ]도 넣는다.

6.

음료수 종류에는 [ ]도 있고, [ ]도 있고,
[ ]도 있고, [ ]도 있고, [ ]도 있고,
[ ]도 있고, [ ]도 있고, [ ]도 있고,
[ ]도 있고, [ ]도 있다.

7.

우리나라 문화유산에는 ______도 있고, ______도 있고, ______도 있고, ______도 있고, ______도 있고, ______도 있고, ______도 있고, ______도 있고, ______도 있고, ______도 있다.

4) 모음으로 단어 만들기

》 제시된 세 모음으로 이루어진 단어를 최대한 많이 만들어 보세요.

1. ㅗ ㅗ ㅣ

예) **소고기, 목도리**

2. ㅗ ㅏ ㅣ

3. ㅗ ㅏ ㅜ

4. ㅜ ㅜ ㅣ

5. ㅜ ㅏ ㅣ

6. ㅗ ㅜ ㅓ

5) 자음으로 단어 만들기

››› 다음에 제시된 첫 번째, 세 번째 자음이 포함된 단어를 만들어 보세요.

1. ㅂ ☐ ㅇ

예) **바둑알, 반신욕**

2. ㅈ ☐ ㅂ

3. ㅇ ☐ ㄹ

4. ㅅ | | ㅇ

5. ㅅ | | ㄱ

6. ㅇ | | ㅁ

7. ㅁ | | ㅅ

6) 동사 말하기

››› 다음 단어와 연결할 수 있는 동사를 최대한 많이 말하거나 써 보세요.

1. 커피 [ ].

예) 주문하다, 붓다

2. 텔레비전 [ ].

3. 연필 [ ].

4. 버스 [ ].

5. 이불 [ ].

6. 소리 [ ].

7. 문 [ ].

8. 불 [ ].

9. 고양이 [ ].

10. 가방 [ ].

11. 친구 [ ].

7) 명사 말하기

≫ 다음의 동사와 어울리는 명사를 최대한 많이 말하거나 써 보세요.

1. [　　　　] 누르다.

예) 버튼, 손

2. [　　　　] 파랗다.

3. [　　　　] 제공하다.

4. [　　　　] 그립다.

5. [ ] 소모하다.

6. [ ] 쓰다듬다.

7. [ ] 다가가다.

8. [ ] 동의하다.

8) 같은 글자로 시작하는 단어 말하기

≫ 제시된 단어 쌍의 각 첫 글자가 같은 단어 쌍을 만들어 보세요. 단, 제시된 단어 쌍과 동일한 순서여야 합니다.

예 시

나라 – **고**구마 – **학**교

나비 – **고**사리 – **학**칙

1. 공손 – 발명 – 차이점 ________________

2. 대피 – 농작물 – 커피 ________________

3. 건널목 – 냄새 – 토끼 ________________

4. 파도 – 등록 – 경호원 ________________

5. 피난 – 참외 – 관광지 ____________________

6. 민족 – 결단력 – 동료 ____________________

7. 남성 – 편의 – 바닥 ____________________

8. 이름 – 마지막 – 지구 ____________________

9. 박수 – 소설 – 창문 ____________________

10. 교사 – 호미 – 도토리 ____________________

11. 안경 – 신발 – 하마 – 기차 ____________________

12. 의자 – 음악 – 고리 – 남편 ____________________

13. 호떡 – 부리 – 대칭 – 신문 ______________________

14. 교수 – 도시 – 가족 – 바람 ______________________

15. 회사 – 처리 – 물건 – 나무 ______________________

16. 동생 – 경찰 – 시험 – 건강 ______________________

17. 환자 – 다리 – 버스 – 손님 ______________________

18. 오빠 – 식사 – 준비 – 사장 ______________________

19. 근처 – 질문 – 약속 – 교통 ______________________

20. 사장 – 가을 – 날씨 – 축구 ______________________

9) 같은 글자로 끝나는 단어 말하기

››› 제시된 단어 쌍의 각 마지막 글자가 같은 단어 쌍을 만들어 보세요. 단, 제시된 단어 쌍과 동일한 순서여야 합니다.

예 시

나**라** – 고구**마** – 학**교**

소**라** – 가**마** – 모**교**

1. 공손 – 발명 – 차이점 ____________________

2. 대피 – 농작물 – 커피 ____________________

3. 건널목 – 냄새 – 토끼 ____________________

4. 파도 – 등산 – 경호 ____________________

5. 피난 – 자두 – 관광지 ____________________

6. 민족 – 결단력 – 동시

7. 남성 – 편의 – 바닥

8. 이름 – 마지막 – 지구

9. 한글 – 안경 – 매표소

10. 차례 – 바자회 – 구슬

11. 안경 – 신발 – 하마 – 기차

12. 의자 – 음악 – 고리 – 남편

13. 호떡 – 부리 – 대칭 – 신문

14. 교수 – 도시 – 가족 – 바람 ____________________

15. 회사 – 처리 – 물건 – 나무 ____________________

16. 동생 – 경찰 – 시험 – 건강 ____________________

17. 환자 – 다리 – 버스 – 손님 ____________________

18. 주인 – 식사 – 준비 – 사장 ____________________

19. 근처 – 질문 – 약속 – 교통 ____________________

20. 사장 – 가을 – 날씨 – 축구 ____________________

Level 01

3. 의사소통: 이름대기 Ⅱ

※ 정답은 p. 280

1) 연관 단어 말하기

» 다음 단어와 연관된 단어를 떠올려 보고 빈칸을 채워 보세요.

1.

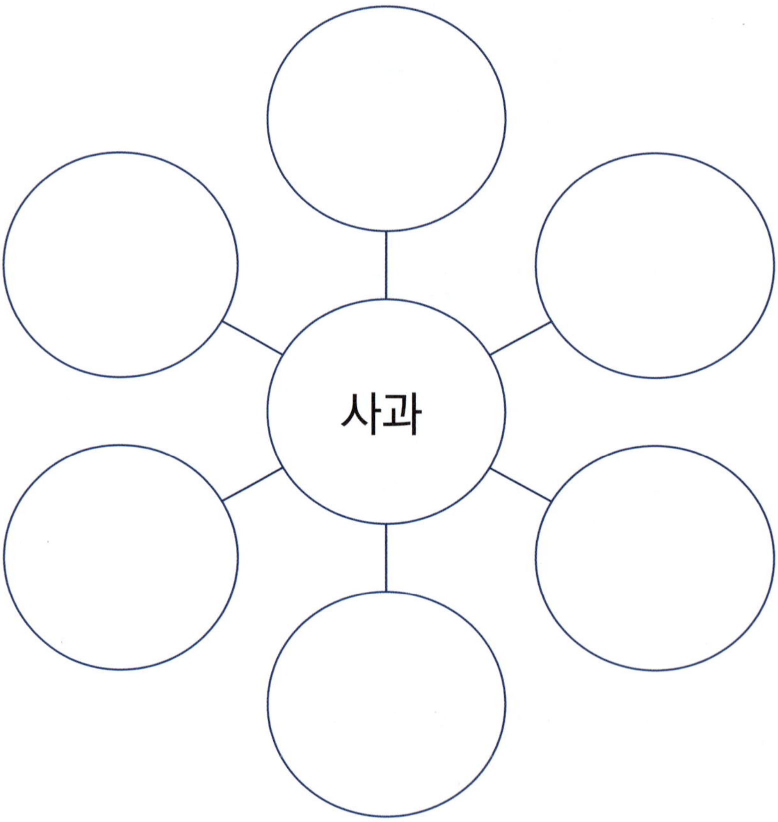

2.

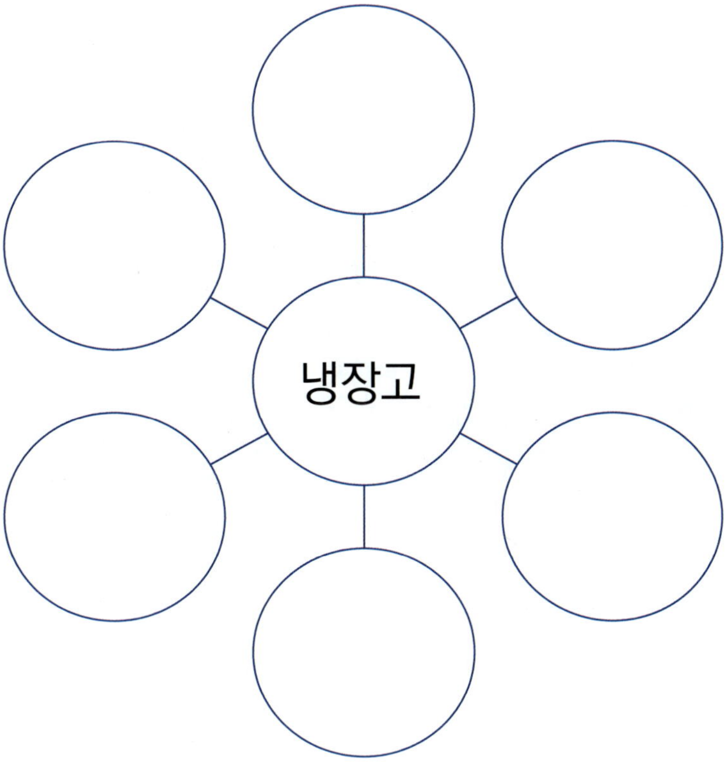

3.

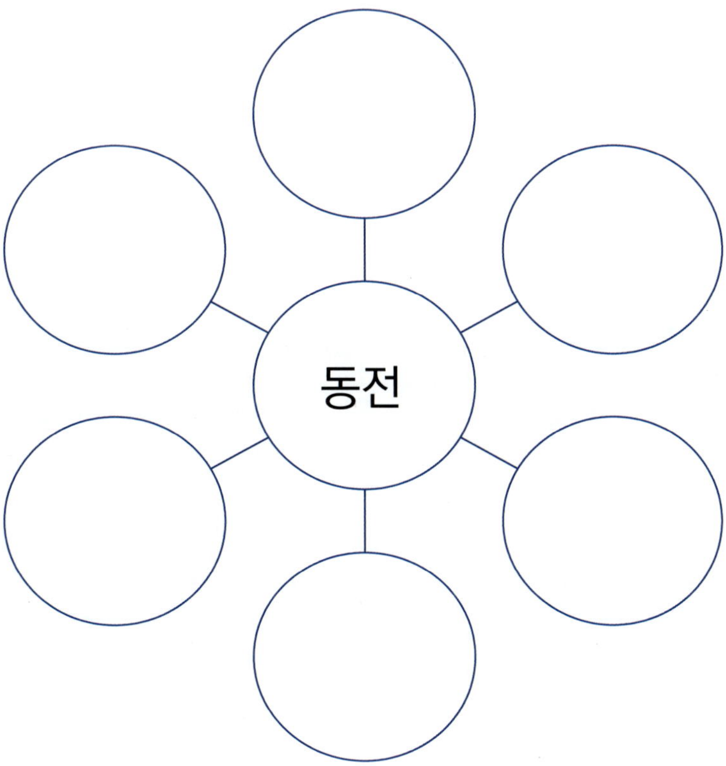

4.

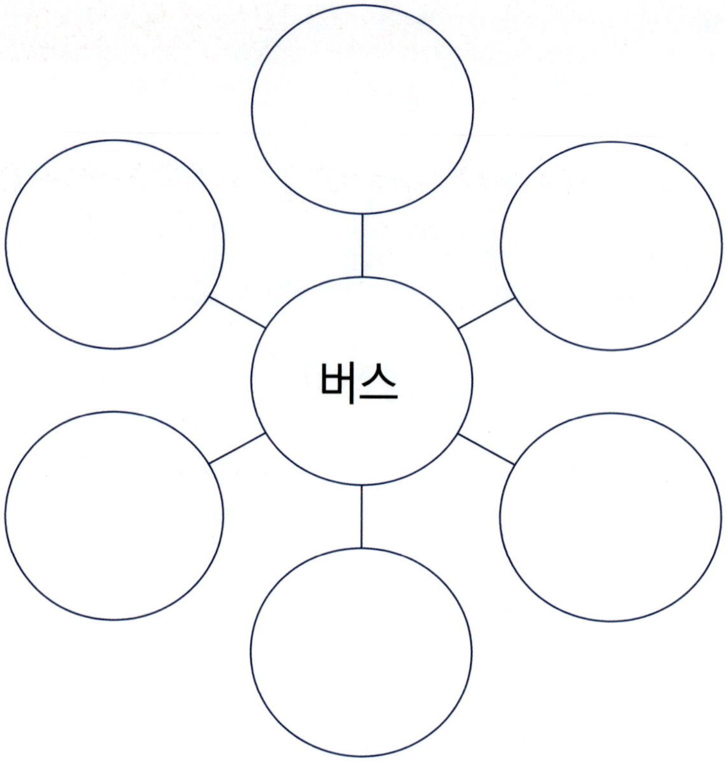

5.

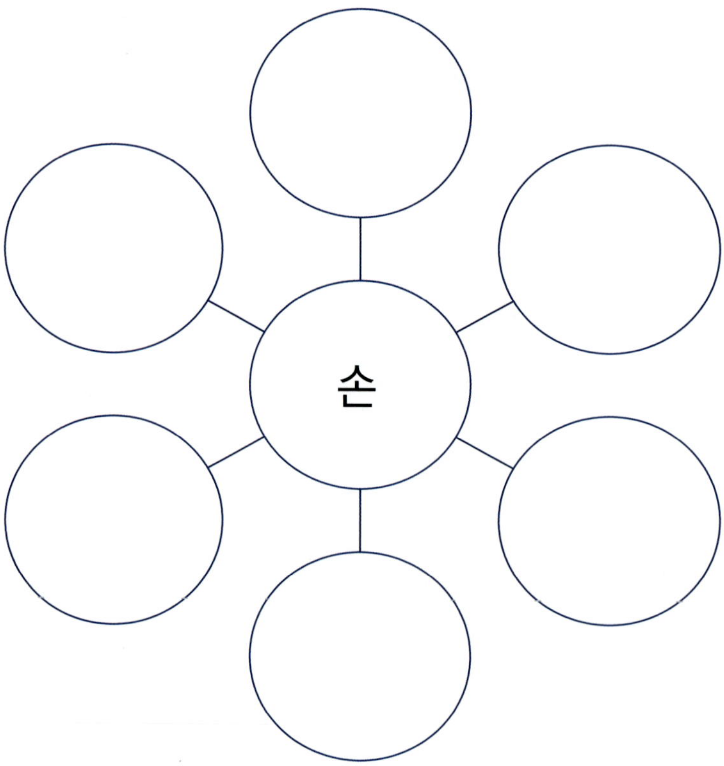

6.

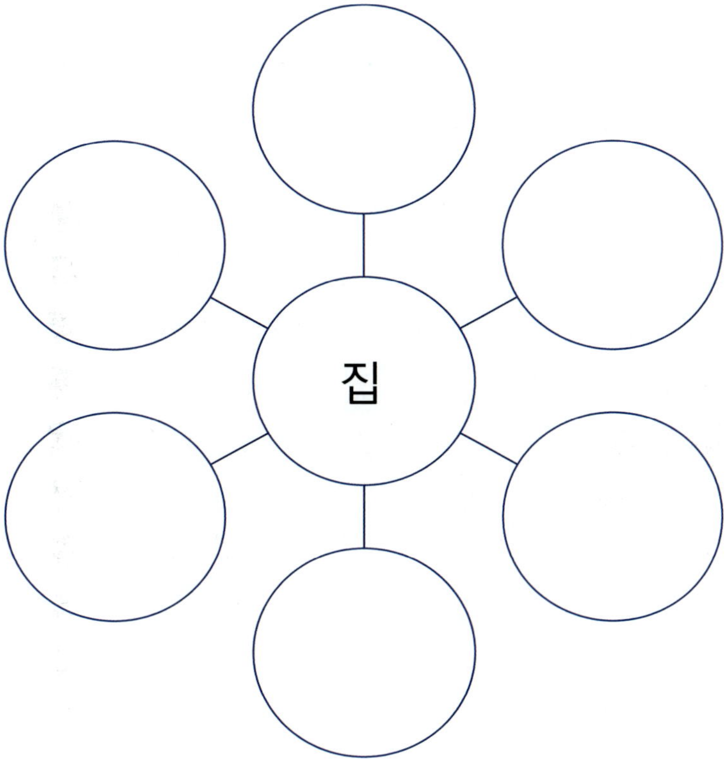

7.

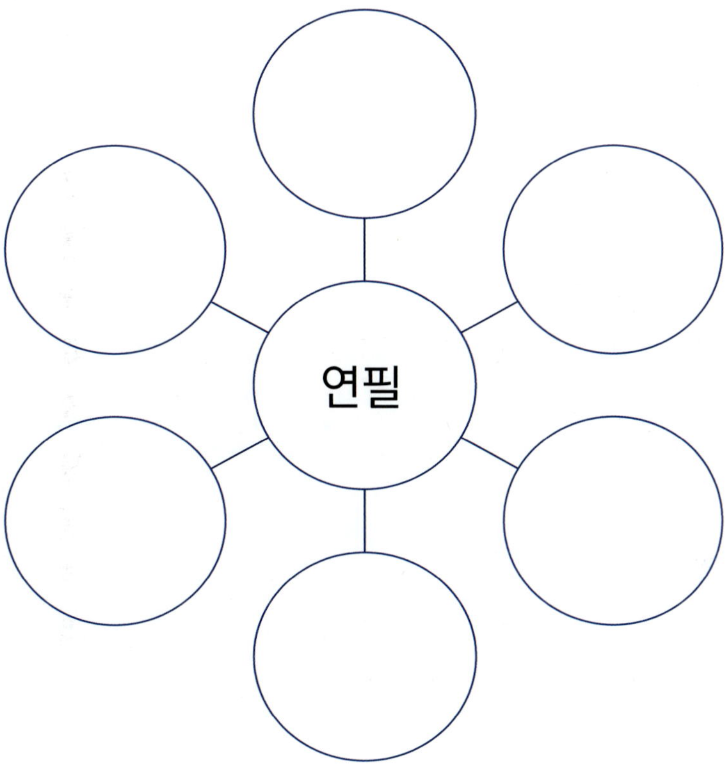

8.

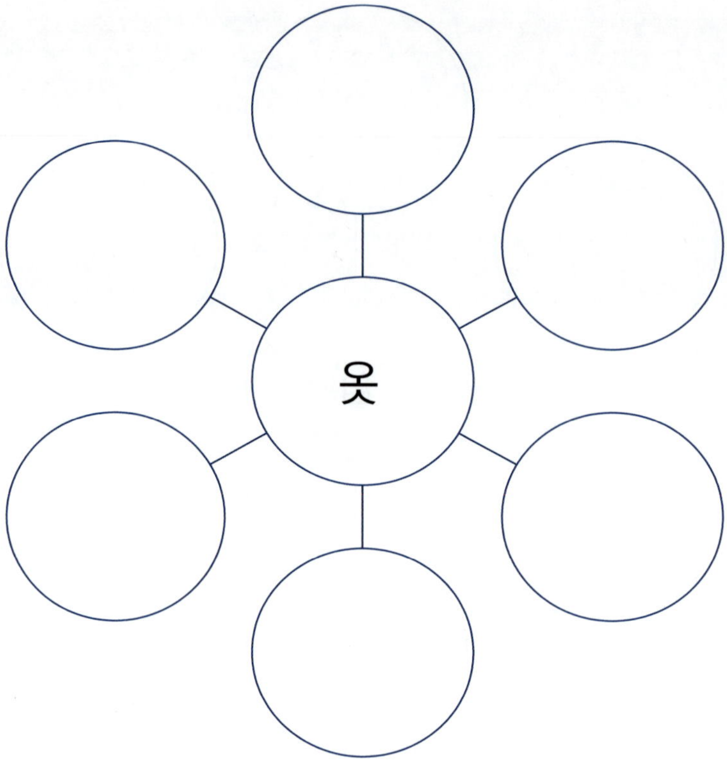

9.

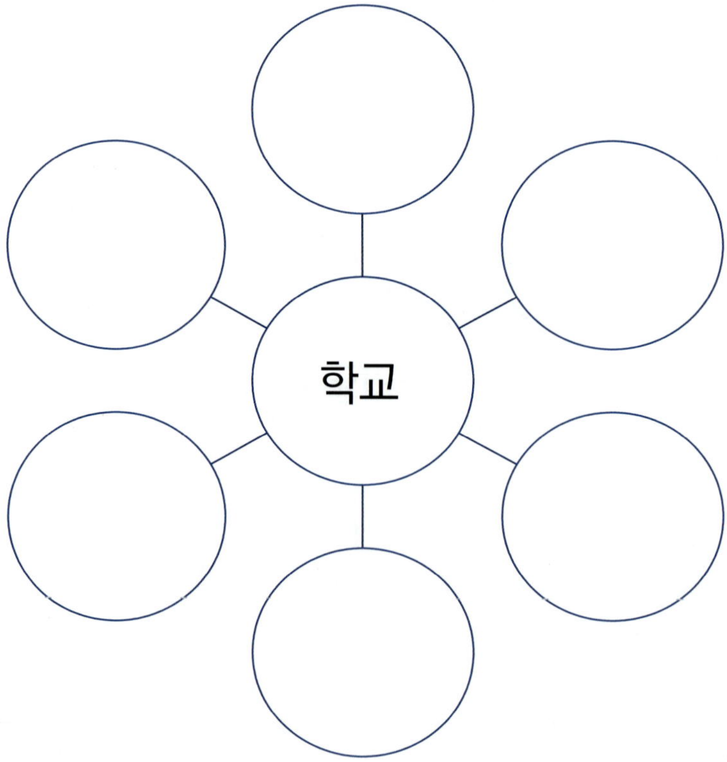

10.

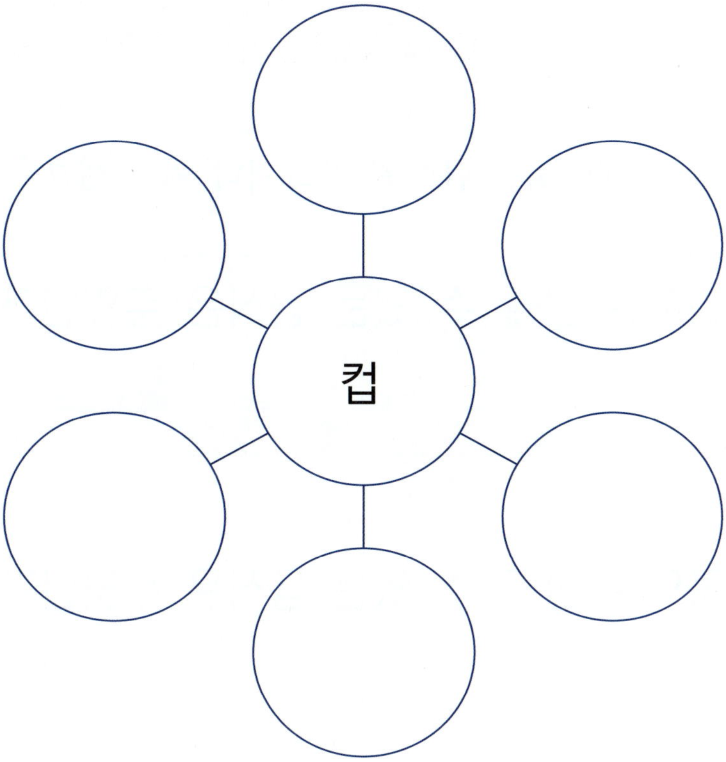

2) 범주에 맞는 단어 말하기

››› 다음의 질문에 해당하는 단어를 말하거나 써 보세요.

1. 감자로 만들 수 있는 음식은 무엇인가요?

2. 콩으로 만들 수 있는 음식은 무엇인가요?

3. 김치로 만들 수 있는 음식은 무엇인가요?

4. 종이로 만들 수 있는 물건은 무엇인가요?

5. 나무로 만들 수 있는 물건은 무엇인가요?

6. 입을 수 있는 것은 무엇인가요?

7. 신을 수 있는 것은 무엇인가요?

8. 탈 수 있는 것은 무엇인가요?

9. 정육점에서 파는 것은 무엇인가요?

10. 바퀴가 달린 것은 무엇인가요?

3) 공휴일 · 기념일 말하기

⋙ 다음은 어떤 날인지 말하거나 써 보세요.

예 시

만우절

1.

2.

3.

4.

5.

6.

7.

8.

9.

10.

11.

12.

13.

4) 특정 글자로 끝나는 단어 말하기

⋙ 다음의 글자로 끝나는 단어를 최대한 많이 말하거나 써 보세요.

1. 강

예) 건**강**, 금**강**

2. 술

3. 문

4. 탕

5. 알

6. 산

7. 도

8. 사

9. 지

5) 스무고개 질문 만들기

››› 다음의 단어로 스무고개 질문을 만들어 보세요. 반드시 '예' 또는 '아니요'로 대답할 수 있는 질문이어야 합니다.

예 시

제시 단어: 강아지

<스무고개 질문>

1. 동물인가요?
2. 날 수 있나요?
3. 풀을 먹나요?
4. 다리가 4개인가요?
5. 집에 사나요?
6. 사람을 할퀴기도 하나요?
7. 새끼인가요?
8. 사람을 좋아하나요?
9. 반려동물로 키울 수 있나요?
10. 다양한 종이 있나요?

1.

고양이

1. ______
2. ______
3. ______
4. ______
5. ______
6. ______
7. ______
8. ______
9. ______
10. ______

2.

얼룩말

1. ______
2. ______
3. ______
4. ______
5. ______
6. ______
7. ______
8. ______
9. ______
10. ______

3.

비행기

1. ______
2. ______
3. ______
4. ______
5. ______
6. ______
7. ______
8. ______
9. ______
10. ______

4.

책

1. ______
2. ______
3. ______
4. ______
5. ______
6. ______
7. ______
8. ______
9. ______
10. ______

5.

추석

1. __________
2. __________
3. __________
4. __________
5. __________
6. __________
7. __________
8. __________
9. __________
10. __________

6.

소방관

1. __________
2. __________
3. __________
4. __________
5. __________
6. __________
7. __________
8. __________
9. __________
10. __________

7.

바지

1. __________
2. __________
3. __________
4. __________
5. __________
6. __________
7. __________
8. __________
9. __________
10. __________

8.

편의점

1. __________
2. __________
3. __________
4. __________
5. __________
6. __________
7. __________
8. __________
9. __________
10. __________

9.

텔레비전

1. ______
2. ______
3. ______
4. ______
5. ______
6. ______
7. ______
8. ______
9. ______
10. ______

10.

병원

1. ______
2. ______
3. ______
4. ______
5. ______
6. ______
7. ______
8. ______
9. ______
10. ______

11.

옥수수

1. ______
2. ______
3. ______
4. ______
5. ______
6. ______
7. ______
8. ______
9. ______
10. ______

12.

오징어

1. ______
2. ______
3. ______
4. ______
5. ______
6. ______
7. ______
8. ______
9. ______
10. ______

6) 스무고개 질문에 답하기

≫ 다음의 스무고개 질문과 대답을 보고 정답을 말하거나 써 보세요.

1.

(　　　　　　)

1. 음식인가요? **네**
2. 마실 수 있나요? **아니요**
3. 과일인가요? **아니요**
4. 반찬인가요? **아니요**
5. 한국 음식인가요? **아니요**
6. 패스트푸드인가요? **네**
7. 콜라나 감자튀김과 함께 먹나요? **네**
8. 맥도널드에서 파나요? **네**

2.

(　　　　　　)

1. 물건인가요? **아니요**
2. 생물인가요? **네**
3. 식물인가요? **아니요**
4. 동물인가요? **네**
5. 사람인가요? **아니요**
6. 네발 달린 짐승인가요? **네**
7. 집에 사나요? **아니요**
8. 몸집이 큰가요? **네**
9. 코가 긴가요? **네**

3.

(　　　　　　)

1. 도구인가요? **네**
2. 집안에서 사용하나요? **네**
3. 집 밖에서도 사용할 수 있나요? **네**
4. 인터넷을 할 수 있나요? **아니요**
5. 글씨를 쓸 때 사용하나요? **네**
6. 공책과 함께 사용하나요? **네**
7. 지우개로 지울 수 있나요? **네**

4.

(　　　　　　)

1. 물건인가요? **네**
2. 아주 무겁나요? **아니요**
3. 유리로 만들었나요? **네**
4. 벽에 걸어서 사용하나요? **아니요**
5. 가지고 다닐 수 있나요? **네**
6. 손목에 착용하나요? **아니요**
7. 눈에 착용하나요? **네**
8. 잘 보이도록 도와주나요? **네**

5.

(　　　　　　)

1. 동물인가요? **네**
2. 다리가 4개인가요? **아니요**
3. 날개가 있나요? **네**
4. 더듬이가 있나요? **네**
5. 꽃 근처에 있나요? **네**
6. 꿀을 모으나요? **네**
7. 여러 마리가 무리 지어 생활하나요? **네**

6.

(　　　　　　)

1. 살아 있나요? **네**
2. 다리가 있나요? **아니요**
3. 땅에서 사나요? **아니요**
4. 강에서 사나요? **아니요**
5. 바다에서 사나요? **네**
6. 꼬리가 있나요? **아니요**
7. 스스로 움직이나요? **네**
8. 먹물을 내뿜나요? **아니요**
9. 별 모양으로 생겼나요? **네**

7.

(　　　　　　)

1. 집에서 사용하는 물건인가요? **네**
2. 방 안에서 사용하는 물건인가요? **네**
3. 옮기기 쉬운가요? **아니요**
4. 물건을 보관하는 용도인가요? **아니요**
5. 시원한 바람이 나오나요? **네**
6. 온도를 조절할 수 있나요? **네**

8.

(　　　　　　)

1. 들고 다닐 수 있나요? **아니요**
2. 한 곳에 고정되어 있나요? **아니요**
3. 스스로 움직이나요? **아니요**
4. 연료가 필요한가요? **네**
5. 사람을 태울 수 있나요? **네**
6. 땅에서 사용하나요? **아니요**
7. 물에서 사용하나요? **아니요**
8. 하늘을 날 수 있나요? **네**
9. 활주로가 필요한가요? **네**

9.

( )

1. 집안에 있는 물건인가요? **네**
2. 딱딱한가요? **네**
3. 벽에 걸려 있나요? **네**
4. 소리가 나나요? **아니요**
5. 전기를 사용하나요? **아니요**
6. 물건을 걸 때 사용하나요? **아니요**
7. 유리로 만들었나요? **네**
8. 얼굴을 볼 때 사용하나요? **네**

10.

( )

1. 물건인가요? **네**
2. 사람이 사용하나요? **네**
3. 화장실에서 사용하나요? **아니요**
4. 거실에 있나요? **아니요**
5. 주방에 있나요? **네**
6. 청소할 때 사용하나요? **아니요**
7. 밥을 먹을 때 사용하나요? **네**
8. 국을 떠먹을 때 사용하나요? **아니요**
9. 한 쌍으로 사용하나요? **네**

11.

( )

1. 생물인가요? **아니요**
2. 집에서 사용하나요? **네**
3. 마트에서도 사용하나요? **네**
4. 화장실에 있는 물건인가요? **아니요**
5. 주방에 있는 물건인가요? **네**
6. 음식을 차갑게 보관하나요? **네**
7. 한 손으로 들 수 있나요? **아니요**
8. 전기를 사용하나요? **네**

12.

( )

1. 물건인가요? **네**
2. 집안에서 사용하나요? **네**
3. 집 밖에서 사용하나요? **네**
4. 몸에 착용하나요? **아니요**
5. 매일 들고 다니나요? **아니요**
6. 어딘가에 두고 다니나요? **네**
7. 크기가 다양한가요? **네**
8. 식물을 키울 때 사용하나요? **네**

Level 02

4. 의사소통: 이름대기 Ⅱ

※ 정답은 p. 286

1) 연관 단어 말하기

≫ 다음 단어와 연관된 단어를 떠올려 보고 빈칸을 채우세요.

1.

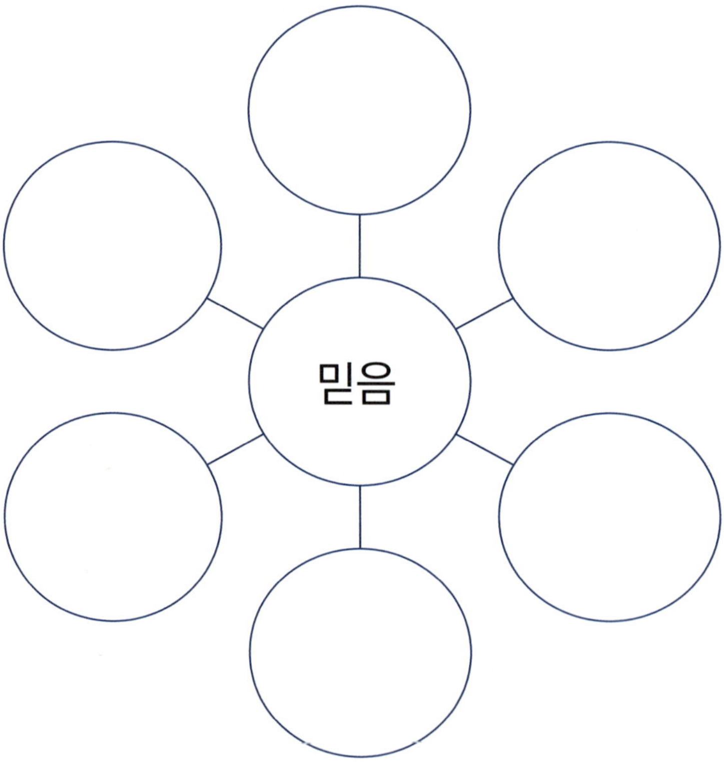

2.

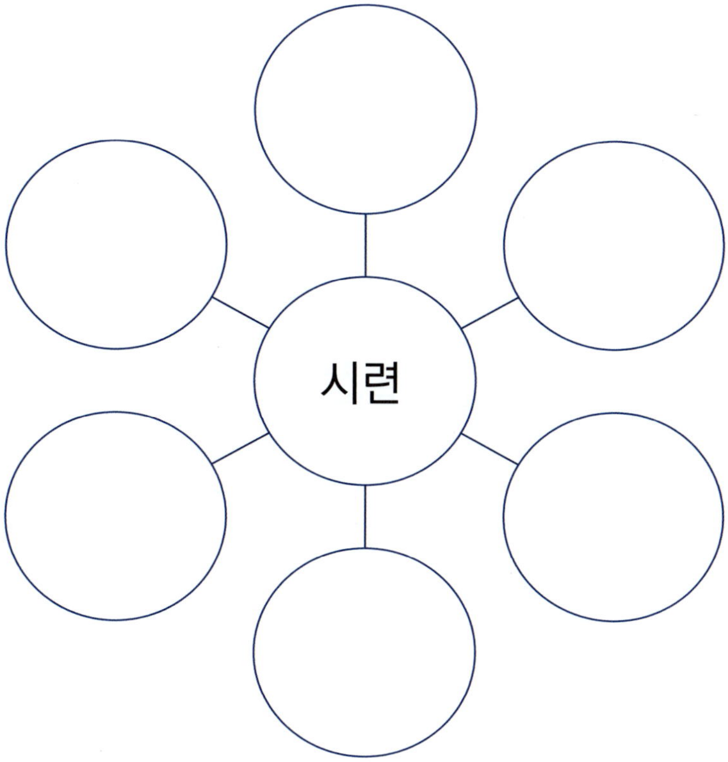

3.

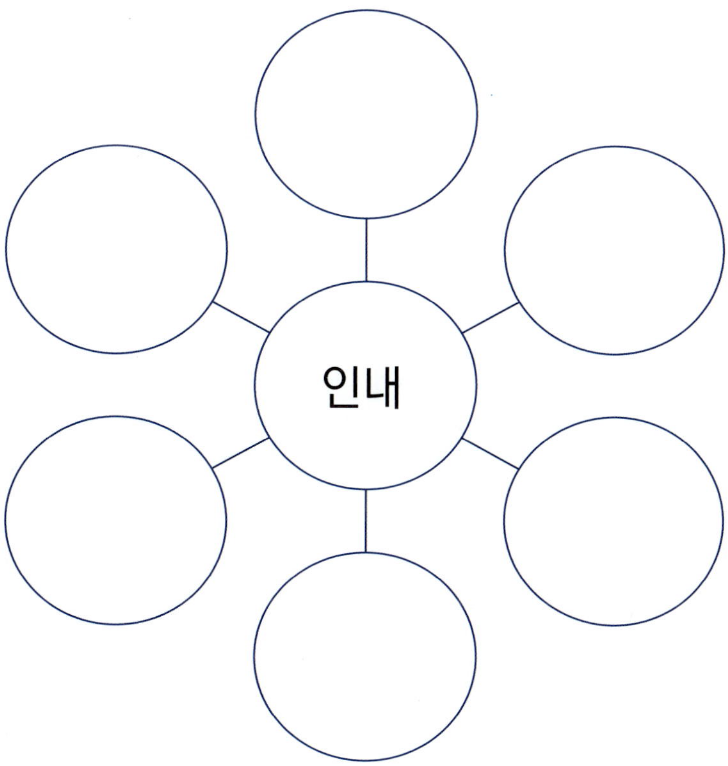

4.

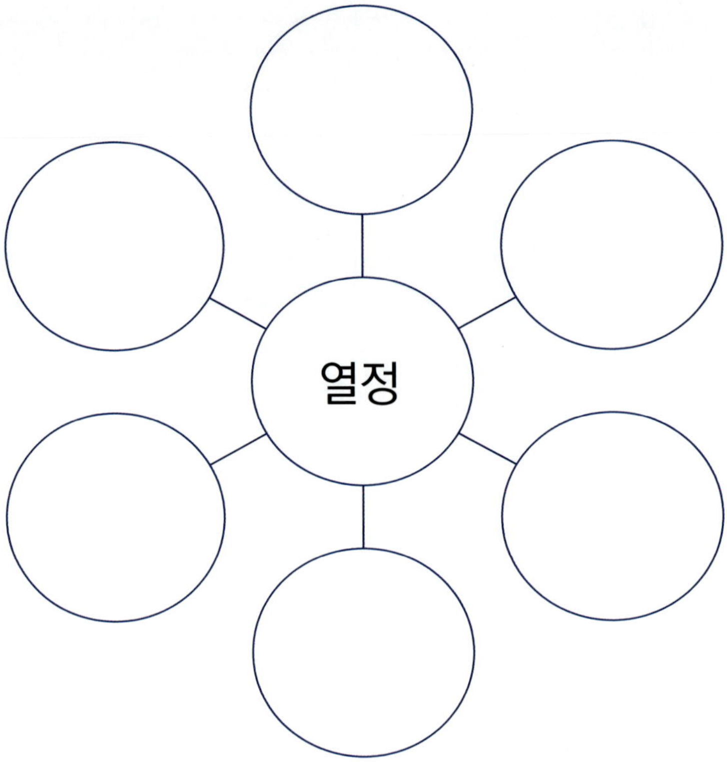

5.

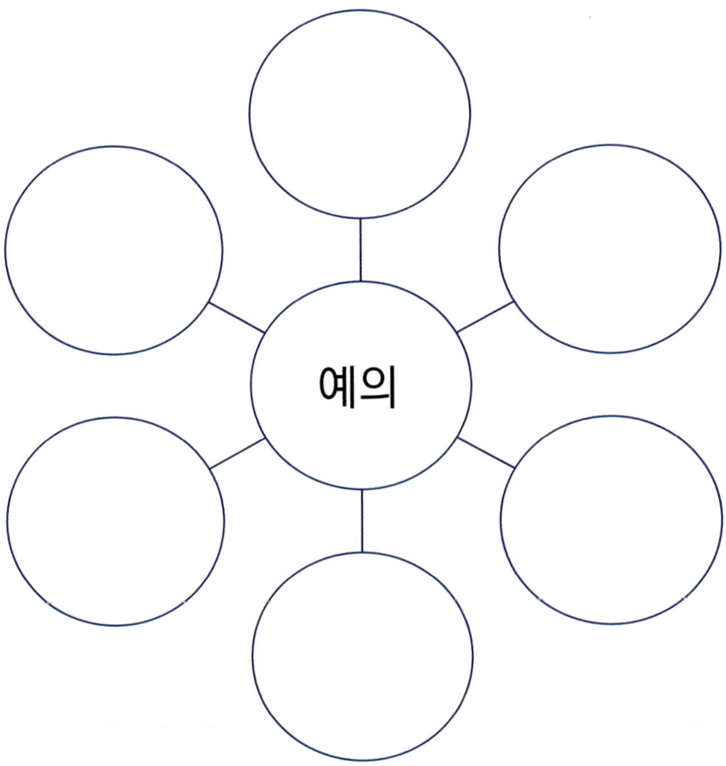

6.

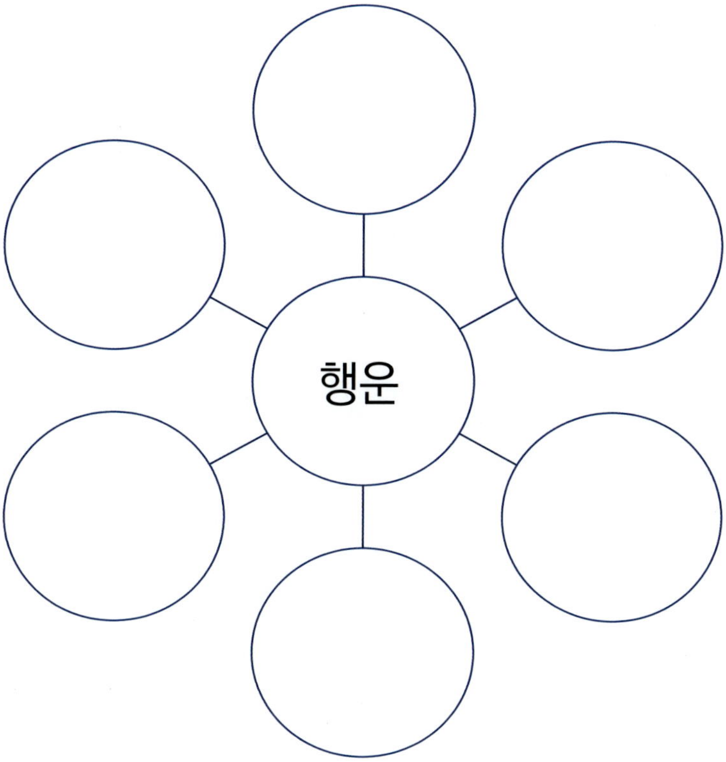

7.

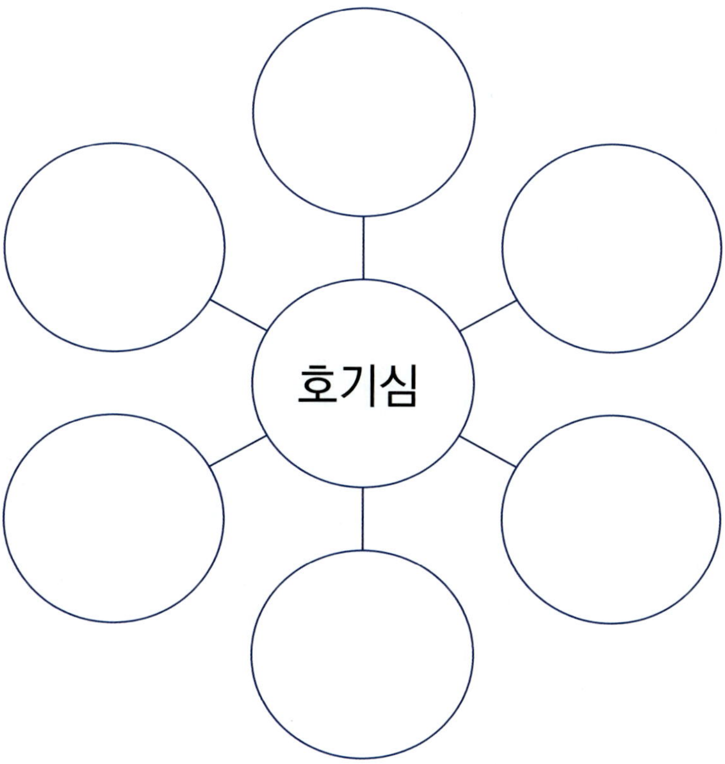

8.

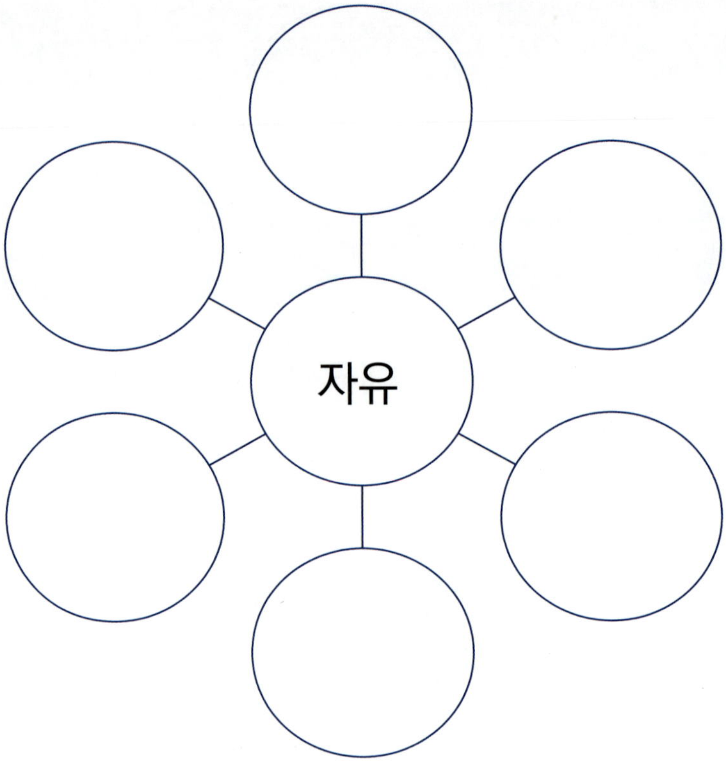

9.

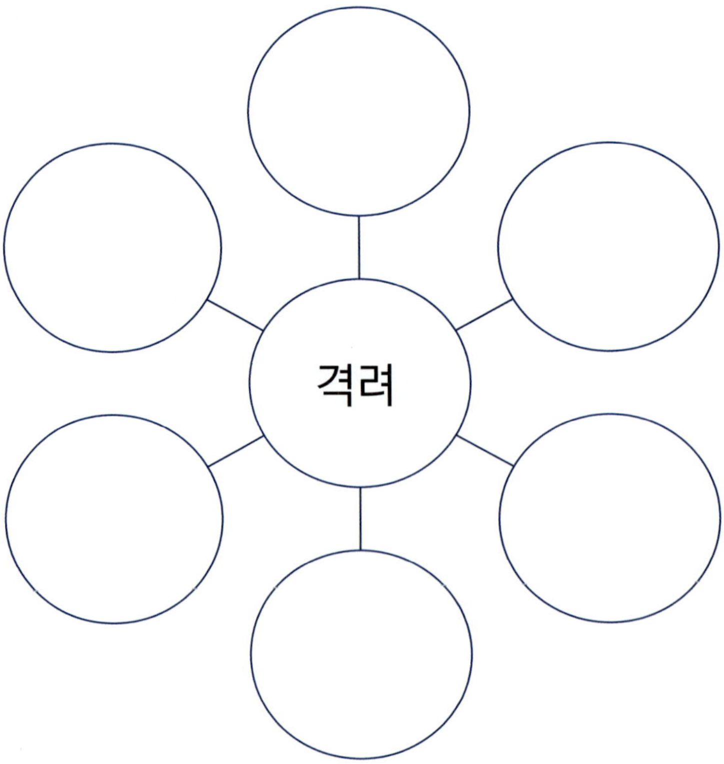

10.

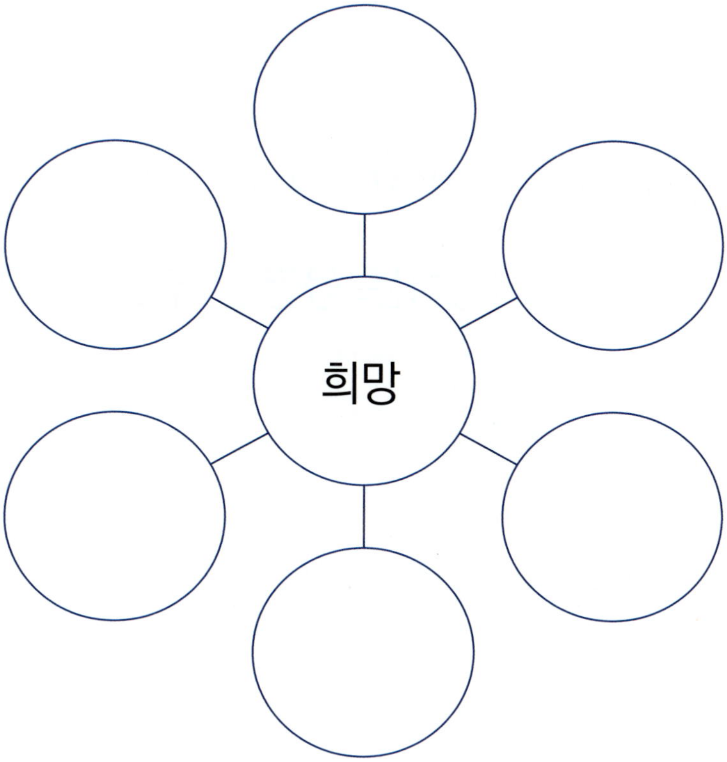

2) 범주에 맞는 단어 말하기

⋙ 다음의 질문에 해당하는 단어를 말하거나 써 보세요.

1. 전기를 사용하는 물건은 무엇인가요?

2. 천으로 만든 물건은 무엇인가요?

3. 자를 수 있는 물건은 무엇인가요?

4. 표면이 매끄러운 물건은 무엇인가요?

5. 하늘에서 볼 수 있는 것은 무엇인가요?

6. 단맛이 나는 것은 무엇인가요?

7. 글씨를 쓸 때 사용하는 도구는 무엇인가요?

8. 공을 사용하는 운동은 무엇인가요?

9. 읽을 수 있는 것은 무엇인가요?

10. 반짝이는 것은 무엇인가요?

3) 공휴일・기념일 말하기

»» 제시된 키워드를 보고 어떤 날인지 말하거나 써 보세요.

예 시

떡국, 세배, 첫날	_	설날

1. | 캐럴, 산타, 선물 | _ | |
|---|---|---|

2. | 세종대왕, 훈민정음, 글자 | _ | |
|---|---|---|

3. | 일본, 독립, 여름 | _ | |
|---|---|---|

4. | 밤, 팥죽, 작은 설 | _ | |
|---|---|---|

5. | 촛불, 미역국, 케이크 | _ | |
|---|---|---|

6. | 불교, 탄신, 연등 | _ | |
|---|---|---|

7. 방정환, 어린이, 5월 _

8. 부모님, 카네이션, 효도 _

9. 호국, 순국선열, 추모 _

10. 송편, 성묘, 보름달 _

11. 무더위, 보양식, 세 번 _

12. 학위, 마침, 학사모 _

13. 전쟁, 38선, 피난 _

14. 감사, 은사님, 카네이션 _

15. 유관순, 독립선언서, 만세 운동 _

16. 단군, 건국, 고조선 _

4) 특정 글자로 끝나는 단어 말하기

>>> 제시된 글자가 포함된 두 글자 단어를 말하거나 써 보세요.

1. □ 상

예) 가**상**, 감**상**

2. □ 선

3. □ 일

4. □ 대

5. [ ] 미

6. [ ] 박

7. [ ] 가

8. [ ] 기

9. [ ] 장

5) 스무고개 질문 만들기

›› 다음의 단어로 스무고개 질문을 만들어 보세요. 반드시 '예' 또는 '아니요'로 대답할 수 있는 질문이어야 합니다.

1.

체중계

1. ______
2. ______
3. ______
4. ______
5. ______
6. ______
7. ______
8. ______
9. ______
10. ______

2.

공원

1. ______
2. ______
3. ______
4. ______
5. ______
6. ______
7. ______
8. ______
9. ______
10. ______

3.

잠수함

1. ______
2. ______
3. ______
4. ______
5. ______
6. ______
7. ______
8. ______
9. ______
10. ______

4.

부산

1. ______
2. ______
3. ______
4. ______
5. ______
6. ______
7. ______
8. ______
9. ______
10. ______

5.

북두칠성

1. ______
2. ______
3. ______
4. ______
5. ______
6. ______
7. ______
8. ______
9. ______
10. ______

6.

성당

1. ______
2. ______
3. ______
4. ______
5. ______
6. ______
7. ______
8. ______
9. ______
10. ______

7.

세종대왕

1. ______
2. ______
3. ______
4. ______
5. ______
6. ______
7. ______
8. ______
9. ______
10. ______

8.

신문

1. ______
2. ______
3. ______
4. ______
5. ______
6. ______
7. ______
8. ______
9. ______
10. ______

9.

망고

1. ____________________
2. ____________________
3. ____________________
4. ____________________
5. ____________________
6. ____________________
7. ____________________
8. ____________________
9. ____________________
10. ____________________

10.

공무원

1. ____________________
2. ____________________
3. ____________________
4. ____________________
5. ____________________
6. ____________________
7. ____________________
8. ____________________
9. ____________________
10. ____________________

11.

장화

1. ____________________
2. ____________________
3. ____________________
4. ____________________
5. ____________________
6. ____________________
7. ____________________
8. ____________________
9. ____________________
10. ____________________

12.

개나리

1. ____________________
2. ____________________
3. ____________________
4. ____________________
5. ____________________
6. ____________________
7. ____________________
8. ____________________
9. ____________________
10. ____________________

6) 스무고개 질문에 답하기

»» 다음의 스무고개 질문과 대답을 보고 정답을 말하거나 써 보세요.

1.

(   )

1. 집안에 있는 물건인가요? **네**
2. 서랍에 보관하나요? **아니요**
3. 물건을 많이 올려둘 수 있나요? **아니요**
4. 주머니에 넣을 수 있나요? **아니요**
5. 열었다 닫았다 할 수 있나요? **네**
6. 환기를 위해 필요한가요? **네**
7. 집 밖을 볼 수 있나요? **네**

2.

(   )

1. 먹을 수 있나요? **네**
2. 과일인가요? **아니요**
3. 한식인가요? **네**
4. 매운맛이 들어가나요? **네**
5. 채소가 들어 있나요? **네**
6. 쌈을 싸서 먹나요? **아니요**
7. 된장을 넣어서 먹나요? **아니요**
8. 밥과 함께 비벼 먹나요? **네**

3.

(   )

1. 물건인가요? **네**
2. 주방에 있나요? **아니요**
3. 화장실에 있나요? **아니요**
4. 바닥에 두고 사용하나요? **아니요**
5. 책장에 꽂아 두나요? **아니요**
6. 변기에 걸어 두나요? **아니요**
7. 옷장에 넣을 수 있나요? **네**
8. 옷을 걸 때 사용하나요? **네**

4.

(   )

1. 살아 있나요? **네**
2. 스스로 움직일 수 있나요? **네**
3. 땅 위에서 걸을 수 있나요? **네**
4. 물속에서 살 수 있나요? **아니요**
5. 알을 낳나요? **네**
6. 다리가 2개인가요? **네**
7. 날 수 있나요? **네**
8. 몸집이 크고 사나운 편인가요? **네**

5.

( )

1. 장소인가요? **네**
2. 국내에 있나요? **네**
3. 사람들이 관광을 많이 가나요? **네**
4. 비행기를 타고 갈 수 있나요? **네**
5. 기차를 타고 갈 수 있나요? **아니요**
6. 섬인가요? **네**
7. 돌하르방이 유명한가요? **네**

6.

( )

1. 직업인가요? **네**
2. 국가 자격증이 필요한가요? **아니요**
3. 경기에 나가야 하나요? **아니요**
4. 텔레비전에 출연하나요? **네**
5. 방송국에서 일하나요? **네**
6. 노래를 부르나요? **아니요**
7. 목소리를 사용하나요? **네**
8. 뉴스를 진행하나요? **네**

7.

( )

1. 탈 수 있나요? **네**
2. 정해진 노선이 있나요? **네**
3. 한 번에 여러 명의 승객을 태울 수 있나요? **네**
4. 땅 위로 다니나요? **네**
5. 땅 아래로도 다니나요? **네**

8.

( )

1. 주기적으로 경기를 하나요? **네**
2. 도구가 필요한가요? **네**
3. 올림픽 종목인가요? **네**
4. 한국이 금메달을 딴 적이 있나요? **네**
5. 야외에서 하나요? **네**
6. 단체와 개인 경기 모두 있나요? **네**
7. 바람의 영향을 많이 받나요? **네**

9.

(　　　　　　)

1. 식물인가요? **네**
2. 땅에서 사나요? **네**
3. 어버이날에 필요한 것인가요? **아니요**
4. 여러 가지 색깔이 있나요? **네**
5. 꽃잎이 많은가요? **네**
6. 가시가 있나요? **네**
7. 5월에 피나요? **네**

10.

(　　　　　　)

1. 먹을 수 있나요? **네**
2. 컵에 따라 마실 수 있나요? **네**
3. 투명한가요? **아니요**
4. 탄산이 들어 있나요? **아니요**
5. 카페인이 들어 있나요? **아니요**
6. 과일로 만드나요? **아니요**
7. 치즈를 만들 수 있나요? **네**
8. 젖소로부터 얻을 수 있나요? **네**

11.

(　　　　　　)

1. 장소인가요? **아니요**
2. 채소를 파는 곳인가요? **아니요**
3. 음식을 파나요? **네**
4. 한식을 파나요? **아니요**
5. 커피를 마실 수 있나요? **네**
6. 케이크나 쿠키 같은 간식을 파나요? **네**

12.

(　　　　　　)

1. 사람인가요? **네**
2. 직업인가요? **아니요**
3. 음악가인가요? **네**
4. 독일 사람인가요? **네**
5. 피아노를 연주하나요? **네**
6. 귀가 들리지 않나요? **네**
7. 많은 작품을 남겼나요? **네**

Level 01

5. 의사소통: 어휘-의미 추론

※ 정답은 p. 293

1) 같은 의미 범주의 단어 말하기

>>> 제시된 단어 쌍의 의미 범주에 해당하는 단어를 순서대로 말하거나 써 보세요.

1. 과일 - 교통수단

과일		교통수단
예) 바나나	–	예) 자전거
	–	
	–	
	–	
	–	
	–	
	–	

2. 채소 – 직업

	–	
	–	
	–	
	–	
	–	
	–	

3. 곡식 – 가축

	–	
	–	
	–	
	–	
	–	
	–	

4. 색깔 - 모양

	–	
	–	
	–	
	–	
	–	
	–	

5. 음식 - 가구

	–	
	–	
	–	
	–	
	–	
	–	

6. 가전제품 – 학용품

	–	
	–	
	–	
	–	
	–	
	–	

7. 꽃 – 곤충

	–	
	–	
	–	
	–	
	–	
	–	

8. 바다 생물 - 의류

	–	
	–	
	–	
	–	
	–	
	–	

9. 친척 - 도시

	–	
	–	
	–	
	–	
	–	
	–	

10. 가게 – 주방 기구

	–	
	–	
	–	
	–	
	–	
	–	

2) 같은 글자 범주의 단어 말하기

>>> 제시된 글자로 시작하는 단어를 각각 순서대로 말하거나 써 보세요.

1. 가 – 소

예) **가족**	–	예) **소리**
	–	
	–	
	–	

2. 노 – 정

	–	
	–	
	–	

3. 두 – 초

	–	
	–	
	–	

4. 라 - 서

	–	
	–	
	–	

5. 아 - 주

	–	
	–	
	–	

6. 모 - 구

	–	
	–	
	–	

7. 부 - 오

	–	
	–	
	–	

8. 수 – 지

	–	
	–	
	–	

9. 자 – 무

	–	
	–	
	–	

10. 코 – 이

	–	
	–	
	–	

11. 하 – 거

	–	
	–	
	–	

12. 포 – 다

	–	
	–	
	–	

13. 호 – 타

	–	
	–	
	–	

14. 추 – 만

	–	
	–	
	–	

15. 교 – 여

	–	
	–	
	–	

3) 같은 의미-글자 범주의 단어 말하기

≫ 제시된 단어와 같은 의미 범주의 단어(좌), 제시된 글자로 시작하는 단어(우)를 각각 차례대로 말하거나 써 보세요.

예 시

	가구	+	버	→	침대 – **버**터
1.	과일	+	손	→	–
2.	가전제품	+	치	→	–
3.	주방 기구	+	사	→	–
4.	채소	+	충	→	–
5.	생선	+	마	→	–
6.	곤충	+	안	→	–
7.	꽃	+	꾸	→	–
8.	나무	+	전	→	–
9.	의류	+	강	→	–
10.	해조류	+	선	→	–

4) 차이점 찾기

»» 제시된 단어들 중 나머지와 다른 하나를 고르고 이유를 말하거나 써 보세요.

예 시

사과 – 오이 – 바나나 – 수박

오이: 다른 것들은 모두 과일인데 '오이'는 채소이다.

1. 바이올린 – 가야금 – 장구 – 첼로

2. 코끼리 – 사자 – 토끼 – 얼룩말

3. 오렌지 – 공 – 지구 – 주사위

4. 주스 – 우유 – 딸기 – 물

5. 개나리 – 코스모스 – 바나나 – 진달래

6. 소금 – 간장 – 식초 – 된장

7. 변기 – 휴지 – 가위 – 세면대

8. 냄비 – 숟가락 – 젓가락 – 포크

9. 미역 – 다시마 – 오이 – 김

10. 장갑 – 난로 – 부채 – 목도리

11. 베이징 – 뉴욕 – 도쿄 – 파리

12. 시 – 소설 – 기사 – 수필

13. 스키 – 쇼트트랙 – 봅슬레이 – 양궁

5) 추론하기

≫ 다음 두 단어의 공통점과 차이점이 무엇인지 말하거나 써 보세요.

1. 강아지와 고양이

공통점: ____________________

차이점: ____________________

2. 사과와 딸기

공통점: ____________________

차이점: ____________________

3. 여자와 남자

공통점: ____________________

차이점: ____________________

4. 학생과 교사

공통점: __________

차이점: __________

5. 변호사와 검사

공통점: __________

차이점: __________

6. 자전거와 킥보드

공통점: __________

차이점: __________

7. 기차와 버스

공통점: __________

차이점: __________

8. 감자와 고구마

공통점: ____________________

차이점: ____________________

9. 선풍기와 에어컨

공통점: ____________________

차이점: ____________________

10. 가방과 상자

공통점: ____________________

차이점: ____________________

6) 이름-얼굴 연결하기

⋙ 다음의 자기소개서를 보고 인물의 특성을 기억하세요.

1.

안녕하세요.
제 이름은 김선자입니다.
저는 한의사입니다.

2.

안녕하세요.
저는 박도준입니다.
저는 영화배우입니다.

3.

안녕하세요.
제 이름은 안정아입니다.
저는 편의점에서 일하고 있습니다.

4.

안녕하세요. 제 이름은 서민준입니다.
저는 카페에서 바리스타로
일하고 있습니다.

5.

안녕하세요.
제 이름은 조성아입니다.
저는 영양사입니다.

6.

안녕하세요.
제 이름은 양석주입니다.
저는 아파트 경비실에서 일하고 있습니다.

※ 다음 페이지 문제 1~6으로 이동

››› 다음을 보고 각 인물의 특성을 기억나는 대로 말하거나 써 주세요.

문제 1.

이름:

직업:

문제 2.

이름:

직업:

문제 3.

이름:

직업:

문제 4.

이름:

직업:

문제 5.

이름:

직업:

문제 6.

이름:

직업:

››› 다음의 자기소개서를 보고 인물의 특성을 기억하세요.

7.

안녕하세요.
제 이름은 김문자입니다.
저는 팔남매 중 막내입니다.
저는 간호조무사로 일하고 있습니다.

8.

안녕하세요.
저는 송영순입니다.
저는 삼남매 중 첫째입니다.
저는 횟집을 운영하고 있습니다.

9.

안녕하세요.
제 이름은 조영만입니다.
저는 슬하에 아들 둘을 두었습니다.
저는 떡집을 운영하고 있습니다.

10.

안녕하세요.
제 이름은 민은영입니다.
저는 슬하에 딸 하나,
아들 하나를 두었습니다.
저는 미장원을 운영하고 있습니다.

11.

안녕하세요.
제 이름은 황은주입니다.
저는 무남독녀입니다.
저는 디자이너로 일하고 있습니다.

12.

안녕하세요.
제 이름은 남기주입니다.
저는 사남매 중 둘째입니다.
저는 언어재활사로 일하고 있습니다.

※ 다음 페이지 문제 7~12로 이동

》 다음을 보고 각 인물의 특성을 기억나는 대로 말하거나 써 주세요.

문제 7.

이름:

직업:

문제 8.

이름:

직업:

문제 9.

이름:

직업:

문제 10.

이름:

직업:

문제 11.

이름:

직업:

문제 12.

이름:

직업:

6. 의사소통: 어휘-의미 추론

Level 02

※ 정답은 p. 299

1) 같은 의미 범주의 단어 말하기

>>> 제시된 단어 쌍의 의미 범주에 해당하는 단어를 순서대로 말하거나 써 보세요.

1. 네발짐승 – 채소 – 직업

예) 돼지	–	예) 배추	–	예) 약사
	–		–	
	–		–	
	–		–	
	–		–	
	–		–	
	–		–	

2. 곤충 – 날씨 – 나물

–	–	
–	–	
–	–	
–	–	
–	–	
–	–	

3. 해산물 – 종교 – 아시아 국가

–	–	
–	–	
–	–	
–	–	
–	–	
–	–	

4. 자동차 – 장신구 – 여름 과일

5. 색깔 – 조류 – 가전제품

6. 가구 - 도시 - 의류

-	-	
-	-	
-	-	
-	-	
-	-	
-	-	

7. 바다 생물 - 음료 - 스포츠

-	-	
-	-	
-	-	
-	-	
-	-	
-	-	

8. 필기구 – 해산물 – 국경일 · 기념일

	–		–	
	–		–	
	–		–	
	–		–	
	–		–	
	–		–	

9. 악기 – 연장 – 교육 기관

	–		–	
	–		–	
	–		–	
	–		–	
	–		–	
	–		–	

10. 전통 음식 – 요일 – 자연재해

	–		–	
	–		–	
	–		–	
	–		–	
	–		–	
	–		–	

2) 같은 글자 범주의 단어 말하기

»» 제시된 글자로 시작하는 단어를 각각 순서대로 말하거나 써 보세요.

1. 우 – 다 – 지

예) **우**정	예) **다**과	예) **지**우개

2. 부 – 호 – 준

3. 파 – 문 – 고

4. 해 – 과 – 세

	–		–	
	–		–	
	–		–	

5. 단 – 크 – 저

	–		–	
	–		–	
	–		–	

6. 도 – 미 – 삼

	–		–	
	–		–	
	–		–	

7. 울 – 벌 – 대

	–		–	
	–		–	
	–		–	

8. 운 – 성 – 회

9. 공 – 머 – 용

10. 토 – 변 – 황

11. 최 – 코 – 종

3) 같은 의미-글자 범주의 단어 말하기

⋙ 제시된 글자로 시작하는 단어(첫 번째 · 세 번째), 같은 범주의 단어(가운데)를 각각 차례대로 말하거나 써 보세요.

예 시

하	+	과일	+	기	→	**하**품 - 참외 - **기**차

1.	서	+	신체 부위	+	아	→	- -
2.	징	+	요일	+	고	→	- -
3.	어	+	채소	+	진	→	- -
4.	건	+	동물	+	스	→	- -
5.	한	+	악기	+	그	→	- -
6.	너	+	음료	+	터	→	- -
7.	경	+	교통수단	+	소	→	- -
8.	만	+	나무	+	처	→	- -
9.	버	+	가구	+	코	→	- -
10.	로	+	연장	+	동	→	- -

4) 차이점 찾기

》 제시된 단어들 중 나머지와 다른 하나를 고르고 이유를 말하거나 써 보세요.

예 시

크기 – 길이 – 규모

규모: '크기'와 '길이'는 순우리말인데 '규모'는 한자어이다.

1. 깃발 – 고래 – 나비 – 구름

2. 삼일절 – 광복절 – 추석 – 제헌절

3. 오이 – 호박 – 가지 – 미나리

4. 도로 - 귀로 - 하나 - 세로

5. 기러기 - 개구리 - 제비 - 참새

6. 분노 - 행복 - 희열 - 기쁨

7. 지구 - 북두칠성 - 목성 - 화성

8. 안경 - 돋보기 - 망원경 - 선글라스

9. 소리 - 조리 - 서리 - 수리

5) 추론하기

»» 다음 세 단어의 공통점과 차이점이 무엇인지 말하거나 써 보세요.

1. 강아지, 고양이, 염소

공통점: ____________________

차이점: ____________________

2. 사과, 딸기, 수박

공통점: ____________________

차이점: ____________________

3. 기차, 오토바이, 자전거

공통점: ____________________

차이점: ____________________

4. 양말, 바지, 스타킹

공통점:

차이점:

5. 연필, 볼펜, 만년필

공통점:

차이점:

6. 미나리, 당근, 시금치

공통점:

차이점:

7. 비행기, 나비, 잠자리

공통점:

차이점:

8. 침대, 베개, 이불

공통점:

차이점:

9. 선풍기, 부채, 에어컨

공통점:

차이점:

10. 휴대폰, 편지, 전보

공통점:

차이점:

6) 이름-얼굴 연결하기

⋙ 다음의 자기소개서를 보고 인물의 특성을 기억하세요.

1.

안녕하세요. 제 이름은 최한수입니다.
저는 교회 목사입니다.
저는 혼자 살면서 고양이를 키우고 있습니다.
취미는 없습니다.

2.

안녕하세요. 제 이름은 전진희입니다.
저는 아들 하나, 딸 둘의 엄마입니다.
저는 은행에서 일하고 있습니다.
우표나 오래된 동전을 수집하고 있습니다.

3.

안녕하세요. 제 이름은 조경무입니다.
저는 대학교 2학년이고 경영학을 전공하고 있습니다. 취미는 독서입니다.
내년에 군 입대를 하는데 부모님의 걱정이 이만저만이 아닙니다.

4.

안녕하세요. 제 이름은 고사라입니다.
저는 아들 둘의 엄마입니다.
저는 중식 요리사로 일하고 있습니다.
쉬는 날에는 아이들과 함께 공원에서 자전거를 탑니다.

5.

안녕하세요. 제 이름은 에이미입니다.
저는 미국에서 왔습니다. 딸 하나가 있습니다.
저는 한국어학당에서 한국어를 공부하고 있습니다. 유튜브를 보면서 춤추는 것을 좋아합니다.

6.

안녕하세요. 제 이름은 응언입니다.
저는 베트남에서 왔고 가정주부입니다.
저는 남편과 시어머니와 함께 살고 있습니다.
요즘 한국 요리를 배우고 있습니다.

※ 다음 페이지 문제 1~6으로 이동

>>> 다음을 보고 각 인물의 특성을 기억나는 대로 말하거나 써 주세요.

문제 1.

이름:
가족:
직업:
취미:

문제 2.

이름:
가족:
직업:
취미:

문제 3.

이름:
가족:
직업:
취미:

문제 4.

이름:
가족:
직업:
취미:

문제 5.

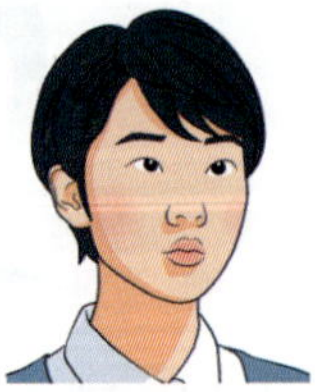

이름:
가족:
직업:
취미:

문제 6.

이름:
가족:
직업:
취미:

⋙ 다음의 자기소개서를 보고 인물의 특성을 기억하세요.

7.

안녕하세요. 제 이름은 공미선입니다.
저는 상담사로 일하고 있습니다.
강아지 두 마리와 함께 살고 있습니다.
요즘 취미로 가죽 공예를 배우고 있습니다.

8.

안녕하세요, 제 이름은 길은자입니다.
저는 전업주부이고 삼남매를 길러 모두 출가시켰습니다. 남편과는 작년에 사별해서 혼자 살고 있습니다.
제 취미는 옥상 정원 가꾸기입니다.

9.

안녕하세요. 제 이름은 채은옥입니다. 저는 공기업에서 30년 일하고 명예퇴직을 했습니다. 자식들은 지금 미국에서 살고 있어 남편과 둘이서 살고 있습니다.
제 취미는 유화 그리기입니다.

10.

안녕하세요, 제 이름은 김근수입니다. 저는 부동산 중개업을 하다 3년 전에 뇌졸중으로 쓰러졌습니다. 지금은 많이 회복되었지만 1주일에 두 번씩 재활 치료를 받고 있습니다. 아내와 둘이 살고 있습니다. 제 취미는 바둑입니다.

11.

안녕하세요. 제 이름은 김숙자입니다. 제게는 아들이 하나 있는데 5년 전 결혼해서 지금 손자가 하나 있습니다. 초등학교 교사로 30년을 재직했으며 현재는 아이들에게 피아노를 가르치며 살고 있습니다. 어렸을 때부터 피아노 연주가 취미였는데 이렇게 제2의 직업이 될 줄은 몰랐네요.

12.

안녕하세요. 저는 박도준입니다. 대기업 건설사에 15년 다니다가 3년 전 인테리어 사업을 시작했습니다. 주말 아침마다 조기 축구를 합니다. 공격수를 맡고 있지만 때에 따라 수비수도 하고 골키퍼를 맡을 때도 있습니다. 3살 된 쌍둥이 아들 둘이 있는데 아이들이 얼른 커서 함께 축구를 했으면 좋겠습니다.

※ 다음 페이지 문제 7~12로 이동

》 다음을 보고 각 인물의 특성을 기억나는 대로 말하거나 써 주세요.

문제 7.

이름:
가족:
직업:
취미:

문제 8.

이름:
가족:
직업:
취미:

문제 9.

이름:
가족:
직업:
취미:

문제 10.

이름:
가족:
직업:
취미:

문제 11.

이름:
가족:
직업:
취미:

문제 12.

이름:
가족:
직업:
취미:

7. 의사소통: 표현

Level 01

※ 정답은 p. 307

1) 단어 골라 문장 만들기

≫ 각 단어 쌍에서 범주가 다른 단어 하나씩을 고르세요. 그러고 나서 두 단어로 문장을 만들어 보세요.

예 시

반지 – 목걸이 – 안과	텔레비전 – 에어컨 – 검사

→ (안과)에 가서 시력 (검사)를 받았다.

1.

나비 – 벌 – 창문	냄비 – 그릇 – 빌딩

→ ____________________________

2.

라면 – 떡볶이 – 손잡이	가방 – 무릎 – 종아리

→ ____________________________

3. 무궁화 – 아령 – 목련 | 체육관 – 운동장 – 지폐

→ ____________________

4. 손수건 – 맥주 – 소주 | 안개 – 눈물 – 우박

→ ____________________

5. 오렌지 – 딸기 – 달력 | 비누 – 생일 – 치약

→ ____________________

6. 의자 – 가위 – 책상 | 축구 – 머리카락 – 수영

→ ____________________

7. 돼지 – 부엉이 – 말 | 밤 – 청소기 – 빗자루

→ ____________________

8.

치마 – 어른 – 저고리	절약 – 양보 – 검소

→ ______

9.

출판사 – 편집 – 방석	하나 – 삼 – 칠

→ ______

2) ㄱㄴㄷ 순으로 문장 만들기

》》 주어진 단어들을 ㄱㄴㄷ 순서로 정리한 후 동일한 순서대로 문장을 만들어 보세요.

예 시

(문제)		(ㄱㄴㄷ 순서)
우리 - 고사리 - 내일	→	**고사리-내일-우리**

→ 고사리를 내일 우리가 삶아야 한다.

1.

		(ㄱㄴㄷ 순서)
출석 - 요가 - 목	→	- -

→ ______________________

2.

		(ㄱㄴㄷ 순서)
가족 - 텔레비전 - 치킨	→	- -

→ ______________________

3. (ㄱㄴㄷ 순서)

전화 – 여론조사 – 선거	→	– –

→ ______________________________

4. (ㄱㄴㄷ 순서)

만들기 – 학교 – 숙제	→	– –

→ ______________________________

5. (ㄱㄴㄷ 순서)

사회 – 대회 – 어머니	→	– –

→ ______________________________

6. (ㄱㄴㄷ 순서)

벌레 – 마당 – 소리	→	– –

→ ______________________________

7.

(ㄱㄴㄷ 순서)

어머니 - 칭찬 - 밥	→	- -

→ ______________________________

8.

(ㄱㄴㄷ 순서)

버스 - 도서관 - 책	→	- -

→ ______________________________

9.

(ㄱㄴㄷ 순서)

문 - 화장실 - 누나	→	- -

→ ______________________________

3) 특징 말하기

››› 꽃의 특징을 말하거나 써 보세요. 그리고 잘 기억하세요.

1.

애기똥풀

2.

제비꽃

3.

엉겅퀴

※ 다음 페이지 문제 1~3으로 이동

》 꽃의 특징을 떠올리면서 각각에 해당하는 꽃 이름을 말하거나 써 보세요.

문제 1.

( )

문제 2.

( )

문제 3.

( )

>>> 꽃의 특징을 말하거나 써 보세요. 그리고 잘 기억하세요.

4.

맥문동

5.

해바라기

6.

접시꽃

※ 다음 페이지 문제 4~6으로 이동

>>> 꽃의 특징을 떠올리면서 각각에 해당하는 꽃 이름을 말하거나 써 보세요.

문제 4.

(　　　　　　　　　　　　)

문제 5.

(　　　　　　　　　　　　)

문제 6.

(　　　　　　　　　　　　)

»» 꽃의 특징을 말하거나 써 보세요. 그리고 잘 기억하세요.

7. 

맨드라미

8. 

능소화

9. 

방울꽃

※ 다음 페이지 문제 7~9로 이동

≫ 꽃의 특징을 떠올리면서 각각에 해당하는 꽃 이름을 말하거나 써 보세요.

문제 **7.**

( )

문제 **8.**

( )

문제 **9.**

( )

4) 대조하여 말하기

>>> 다음 두 단어에 대한 설명을 읽고 대조하여 잘 기억하세요.

1. 무궁화씨와 해바라기씨

무궁화씨는 털이 있고 먹을 수 없지만,
해바라기씨는 매끈하며 먹을 수 있다.

2. 올빼미와 부엉이

올빼미는 머리가 동그랗고,
부엉이는 머리에 삐죽 솟은 부분이 있다.

※ 다음 페이지 문제 1~2로 이동

››› 앞에서 대조한 내용을 떠올리면서 각각의 차이점을 말하거나 써 보세요.

문제 1. 무궁화씨와 해바라기씨

문제 2. 올빼미와 부엉이

››› 다음 두 단어에 대한 설명을 읽고 대조해 보세요.

3. 체크카드와 신용카드

체크카드는 은행 계좌의 잔액 내에서 사용하는 것이고,
신용카드는 결제한 후에 돈을 갚는 것이다.

4. 모시와 삼베

모시는 모시풀 껍질의 섬유로 짠 옷감으로, 원래 담록색이나 표백하여 하얗게 만든다. 질감이 깔깔하고 촉감이 차가워 여름 옷감으로 사용한다.
삼베는 삼실로 짠 옷감으로, 표백하면 상하기 때문에 특유의 누런 색상을 그대로 사용한다. 뻣뻣하고 신축성이 적다. 질기고 물에 강해 카펫이나 침구류에 사용한다.

5. 암꽃게와 수꽃게

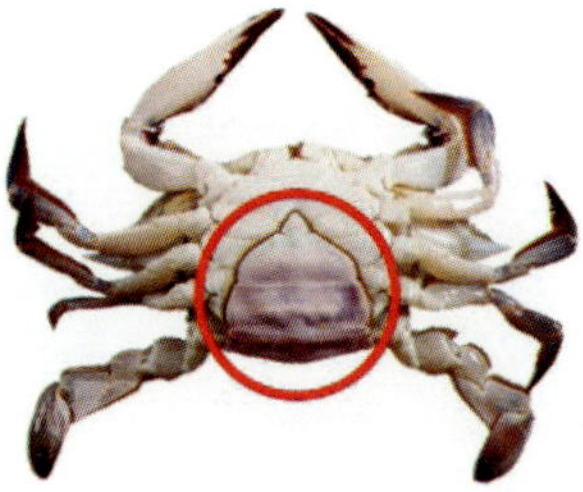

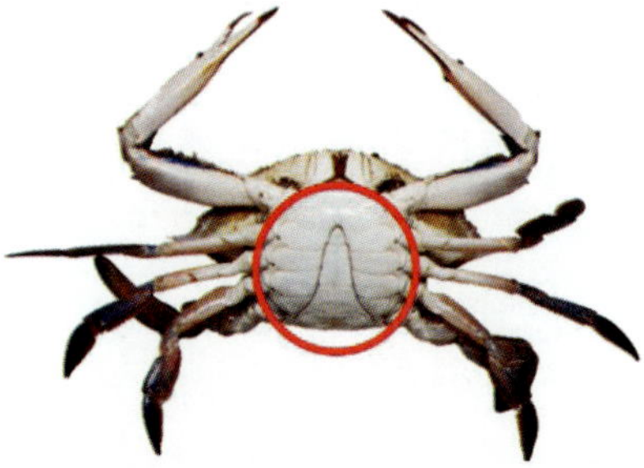

암꽃게는 배딱지가 둥그스름하고,
수꽃게는 뾰족하다.

※ 다음 페이지 문제 3~5로 이동

››› 앞에서 대조한 내용을 떠올리면서 각각의 차이점을 말하거나 써 보세요.

문제 **3.** 체크카드와 신용카드

문제 **4.** 모시와 삼베

문제 **5.** 암꽃게와 수꽃게

》 다음 두 단어에 대한 설명을 읽고 대조해 보세요.

6. 진달래와 철쭉

진달래는 먹을 수 있지만, 철쭉은 독성이 있어 먹을 수 없다. 진달래는 4월에 꽃이 먼저 피고 꽃이 지면서 잎이 난다. 철쭉은 5월에 꽃과 잎이 같이 나며 꽃 가운데 반점이 있다.

7. 흰다리새우와 대하

대하의 꼬리는 녹색, 흰다리새우는 붉은색이며, 대하의 다리는 붉은 색이고 흰다리새우는 흰색이다. 대하는 수염이 몸통의 2~3배 길이이고 흰다리새우의 수염은 몸통보다 짧다. 자연산 대하는 잡힌 지 수분 만에 죽는다. 수족관에 살아 있는 것은 흰다리새우이다.

※ 다음 페이지 문제 6~7로 이동

»» 앞에서 대조한 내용을 떠올리면서 각각의 차이점을 말하거나 써 보세요.

문제 6. 진달래와 철쭉

문제 7. 흰다리새우와 대하

Level 02

8. 의사소통: 표현

※ 정답은 p. 310

1) 단어 골라 문장 만들기

>>> 각 단어 쌍에서 범주가 다른 단어 하나씩을 고르세요. 그러고 나서 두 단어로 문장을 만들어 보세요.

예 시

딸기 – 지갑 – 사과

냉장고 – 텔레비전 – 피자

컵 – 연필 – 지우개

→ 지갑에서 돈을 꺼내 피자 값을 계산하고 컵에 물을 따라 마셨다.

1.

선풍기 – 말 – 세탁기

가지 – 호박 – 바지

바늘 – 안경 – 돋보기

→ ______________________

2.

책 – 종이 – 신발

곰 – 사자 – 쓰레기통

백화점 – 학교 – 유치원

→ ______________________

3.

액자 – 사진 – 지하철

발 – 의자 – 책상

화 – 기쁨 – 환희

→ ______________________

4.

막걸리 – 야구 – 축구

전투 – 부침개 – 군인

도토리묵 – 병원 – 의사

→ ______________________________

5.

주전자 – 빵 – 밀가루 – 버터

동지 – 입춘 – 물 – 처서

선물 – 산타할아버지 – 트리 – 가스레인지

→ ______________________________

6.

월식 – 일식 – 지구 – 잠수함

떡 – 갈비 – 바다 – 땅콩

꿈 – 당뇨 – 고혈압 – 통풍

→ ______________________________

7.

모시 – 행주 – 삼베 – 비단

고추장 – 그릇 – 된장 – 간장

찬장 – 세제 – 비누 – 샴푸

→ ______

8.

서울 – 대구 – 미국 – 인천

친구 – 이모 – 고모 – 삼촌

나침반 – 편지 – 지도 – 방위

→ ______

9.

아침 – 커튼 – 쿠션 – 소파

은행 – 예금 – 카페 – 환전

유자차 – 커피 – 생강차 – 대추차

→ ______

2) ㄱㄴㄷ 순으로 문장 만들기

》 주어진 단어들을 ㄱㄴㄷ 순서로 정리한 후 동일한 순서대로 문장을 만들어 보세요.

예 시

(문제)		(ㄱㄴㄷ 순서)
너 – 장점 – 단점	→	너 – 단점 – 장점

→ 너의 단점과 장점은 무엇이니?

1.

		(ㄱㄴㄷ 순서)
동네 – 영화관 – 시간	→	– –

→ ________________________

2.

		(ㄱㄴㄷ 순서)
약국 – 병원 – 처방전	→	– –

→ ________________________

3.

		(ㄱㄴㄷ 순서)
방울 – 고양이 – 목	→	– –

→ ________________________

4.

(ㄱㄴㄷ 순서)

수리 – 에어컨 – 기사 → [– –]

→ ____________________

5.

(ㄱㄴㄷ 순서)

편의점 – 담배 – 미성년자 → [– –]

→ ____________________

6.

(ㄱㄴㄷ 순서)

국내 – 추천 – 스키장 – 연휴 → [– – –]

→ ____________________

7.

(ㄱㄴㄷ 순서)

팔순 – 호텔 – 내년 – 어머니 → [– – –]

→ ____________________

8.

(ㄱㄴㄷ 순서)

선생님 – 명관 – 구관 – 역시 → [– – –]

→ ____________________

3) 특징 말하기

≫ 태양계에 있는 항성과 행성의 특징을 잘 보고 기억하세요.

1. 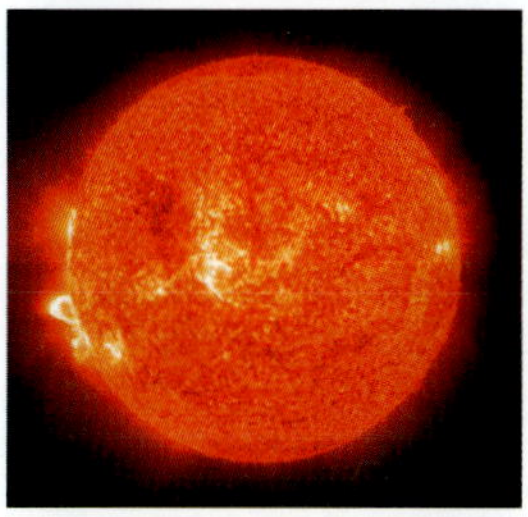

〈태양〉

태양계의 중심에 있으며 빛과 열을 준다.

2. 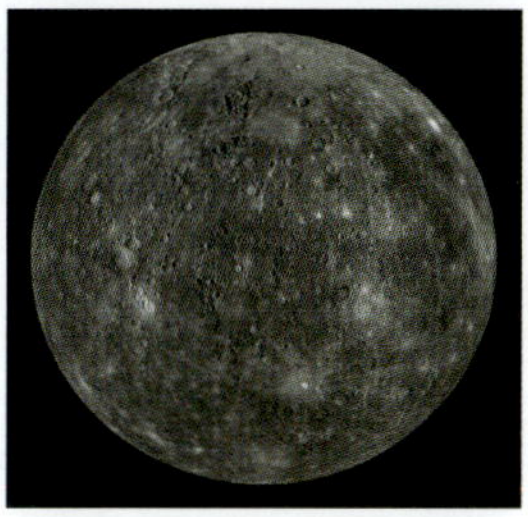

〈수성〉

태양계에서 가장 작은 행성으로, 태양과 가장 가까이 위치한다. 위성이 없고 암석으로 이루어져 있다.

3. 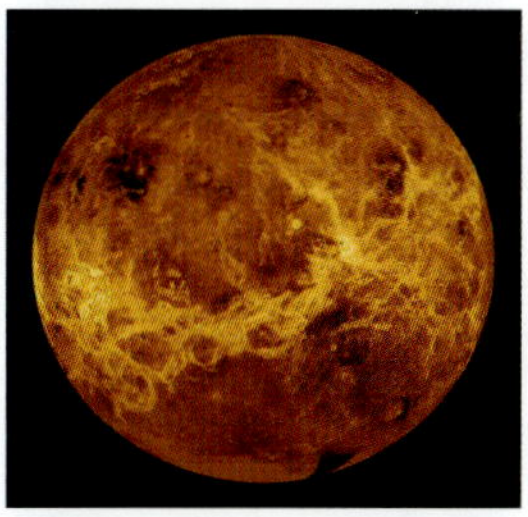

〈금성〉

태양계에서 가장 뜨거운 행성으로, 태양으로부터 두 번째에 위치한다. 위성이 없고 암석으로 이루어져 있다.

4. 

〈지구〉

태양으로부터 세 번째에 위치하며 생명체가 살고 있다. '달'이라는 위성을 1개 갖고 있고 암석으로 이루어져 있다.

※ 다음 페이지 문제 1~4로 이동

»» 항성과 행성의 이름 및 특징을 말하거나 써 보세요.

문제 1.

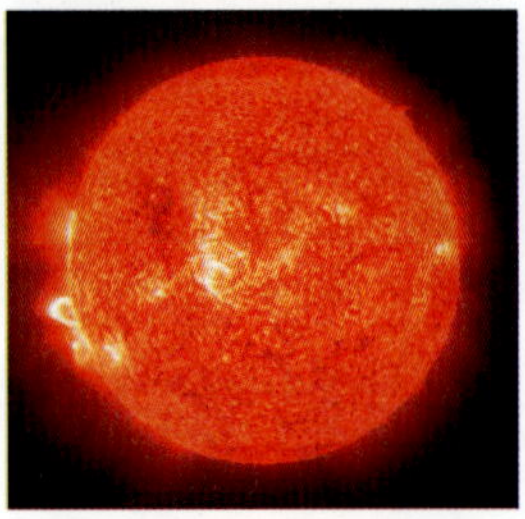

이름: ____________________

특징: ____________________

____

____

문제 2.

이름: ____________________

특징: ____________________

____

____

문제 3.

이름: ____________________

특징: ____________________

____

____

문제 4.

이름: ____________________

특징: ____________________

____

____

››› 태양계에 있는 행성의 특징을 잘 보고 기억하세요.

5.

〈화성〉

태양계의 네 번째 행성이며 붉은색을 띤다. 암석으로 이루어져 있으며 2개의 위성이 주위를 돈다.

6.

〈목성〉

태양계의 다섯 번째에 위치하며 기체로 이루어져 있다. 태양계에서 가장 크고 가장 많은 위성을 갖고 있다.

7.

〈토성〉

가스로 이루어진 태양계의 여섯 번째 행성이다. 50개 이상의 위성이 주위를 돌고 있다.

8.

〈천왕성〉

태양으로부터 일곱 번째에 위치하며 거대한 얼음 행성이다. 27개의 위성이 주위를 돌고 있고 자전축이 약 98도 기울어져 있다.

※ 다음 페이지 문제 5~8로 이동

》 행성의 이름 및 특징을 말하거나 써 보세요.

문제 5.

이름: ______________________

특징: ______________________

문제 6.

이름: ______________________

특징: ______________________

문제 7.

이름: ______________________

특징: ______________________

문제 8.

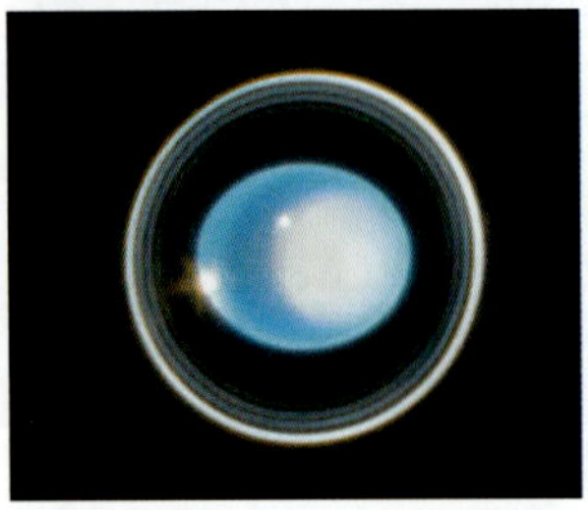

이름: ______________________

특징: ______________________

≫ 태양계에 있는 위성과 행성의 특징을 잘 보고 기억하세요.

9.

〈해왕성〉

태양으로부터 여덟 번째에 위치하며 대형가스로 이루어져 있다. 태양계에서 가장 추운 행성으로 13개의 위성을 가지고 있다.

10.

〈달〉

27일 주기로 지구를 공전하는 위성이다.

11.

〈명왕성〉

태양계에 속하지 않는 왜성이다. 카이퍼 띠에 위치한다.

※ 다음 페이지 문제 9~11로 이동

》 위성과 행성의 이름 및 특징을 말하거나 써 보세요.

문제 9.

이름: ____________________

특징: ____________________

____

____

문제 10.

이름: ____________________

특징: ____________________

____

____

문제 11.

이름: ____________________

특징: ____________________

____

____

4) 대조하여 말하기

>>> 다음 두 단어에 대한 설명을 읽고 대조하여 잘 기억하세요.

1. 보청기와 인공와우

보청기

인공와우

보청기	인공와우
• 경도부터 고도 난청까지 청력을 개선시킬 수 있다. • 수술 없이 사용한다. • 난청 정도에 맞게 소리를 증폭시킨다.	• 고심도 난청의 청력을 개선시킬 수 있다. • 외과적 수술이 필요하다. • 망가진 청각 세포의 기능을 대체한다.

2. 남극과 북극

남극이 북극보다 더 춥다. 남극에는 펭귄이 살고, 북극에는 북극곰이 산다. 북극 근처에는 사람(에스키모)도 살 수 있다.

※ 다음 페이지 문제 1~2로 이동

>>> 앞에서 대조한 내용을 떠올리면서 각각의 차이점을 말하거나 써 보세요.

문제 1. 보청기와 인공와우

문제 2. 남극과 북극

»» 다음 두 단어에 대한 설명을 읽고 대조해 보세요.

3. 수달과 해달

수달과 해달은 모두 포유류로 물속에 산다. 생김새가 비슷하기는 하나, 수달은 코가 둥글고 해달은 코가 각진 모양이다. 수달은 강에서 살며 물고기를 손으로 잡아먹지만, 해달은 바다에서 살며 조개를 배 위에 올려놓고 돌로 조개를 깨서 먹는다. 수달은 머리를 내놓고 배가 아래쪽으로 가게 하여 물에 뜨지만, 해달은 배영하듯 배를 위쪽으로 하여 헤엄친다.

4. 차례와 제사

차례는 명절 아침에 돌아가신 모든 조상님을 위한 의식으로, 떡국, 송편 등 명절 음식을 함께 올린다. 제사는 돌아가신 조상님을 위해 돌아가신 날 밤에 지낸다. 여러 제사 음식을 함께 차린다.

5. 전문의와 비전문의 의원

전문의: 병원 이름 옆에 진료 과목을 적는다.

비전문의: 병원 이름과 진료 과목 사이에 '○○의원/진료 과목'이라는 글자를 적는다.

※ 다음 페이지 문제 3~5로 이동

>>> 앞에서 대조한 내용을 떠올리면서 각각의 차이점을 말하거나 써 보세요.

문제 3. 수달과 해달

문제 4. 차례와 제사

문제 5. 전문의와 비전문의

MEMO

»» 다음 세 단어에 대한 설명을 읽고 대조해 보세요.

6. 동해, 서해, 남해

동해

- 절벽이 많고 수심이 깊으며 파도가 강하다.
- 해안선이 단조롭다.
- 모래 해안이 발달하여 해수욕장이 많다.

서해

- 갯벌이 있고 수심이 얕다.
- 밀물과 썰물의 차가 크다.
- 해안선이 복잡하다.

남해

- 섬이 많고 양식업이 발달했다.

7. 아쟁, 가야금, 거문고

아쟁

- 8줄
- 활대를 사용하여 받침대 위에 올려놓고 연주한다.

가야금

- 12줄
- 왼손가락으로 오른쪽 무릎 위에 얹어 놓고 연주한다.
- 음색이 맑고 여성적이다.

거문고

- 6줄
- 나무젓가락처럼 생긴 술대를 사용하여 오른발에 받쳐 놓고 비스듬히 세워 연주한다.
- 음색이 무겁고 남성적이다.

※ 다음 페이지 문제 6~7로 이동

≫ 앞에서 대조한 내용을 떠올리면서 각각의 차이점을 말하거나 써 보세요.

문제 **6.** 동해, 서해, 남해

문제 **7.** 아쟁, 가야금, 거문고

>>> 다음 세 단어에 대한 설명을 읽고 대조해 보세요.

8. 참꼬막, 새꼬막, 피조개

참꼬막

- 털이 없고 주름골이 17~18개이다.
- 크기가 가장 작다.
- 갯벌에서 사람이 직접 채취한다.
- 가격이 비싸 임금님 수라상에 올랐다.

새꼬막

- 표면에 털이 있고 주름골이 30~40개이다.
- 참꼬막보다 더 크다.
- 시중에서 흔히 볼 수 있다.

피조개

- 조갯살이 붉고 주름골이 39~44개이다.
- 꼬막류 중 가장 크다.
- 회나 초밥 등 날것으로 먹는다.

※ 다음 페이지 문제 8로 이동

››› 앞에서 대조한 내용을 떠올리면서 각각의 차이점을 말하거나 써 보세요.

문제 **8.** 참꼬막, 새꼬막, 피조개

>>> 다음 세 단어에 대한 설명을 읽고 대조해 보세요.

9. 구절초, 벌개미취, 쑥부쟁이

구절초

- 잎 모양은 쑥과 비슷하다.
- 주로 맑은 흰색이며, 드물게 분홍색이 있다.
- 뿌리부터 꽃이 피는 마디까지 아홉 마디라서 '구절초'라는 이름이 생겼다.

벌개미취

- 잎이 약간 넓고 톱니 모양이다.
- 연한 보랏빛의 겹꽃이다.
- '벌판에 피는 개미취'라는 뜻이다.

쑥부쟁이

- 잎은 좁고 길며 굵은 톱니가 있다.
- 흰색이나 보라색의 홑꽃이다.
- '쑥을 캐러 다니는 대장장이의 딸이 죽은 곳에 핀 꽃'이라는 뜻이다.

※ 다음 페이지 문제 9로 이동

››› 앞에서 대조한 내용을 떠올리면서 각각의 차이점을 말하거나 써 보세요.

문제 9. 구절초, 벌개미취, 쑥부쟁이

Level 01

9. 의사소통: 읽기 이해

※ 정답은 p. 315

1) 문자 메시지 읽기

>>> 다음 문자 메시지를 읽고 질문에 답해 보세요.

1.

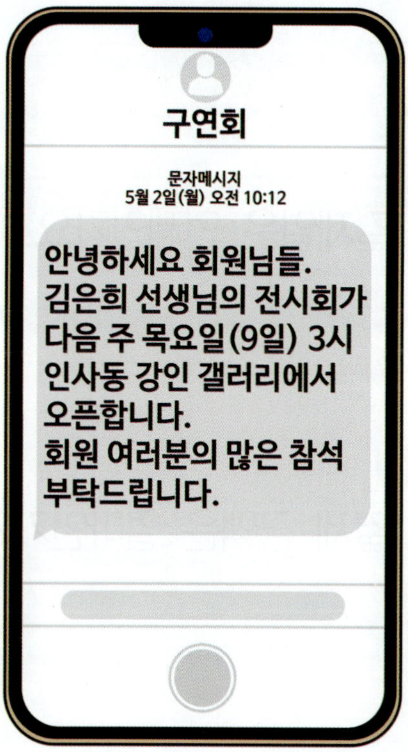

① 전시회 오픈은 언제인가요?

____

② 전시회는 어디서 열리나요?

____

2.

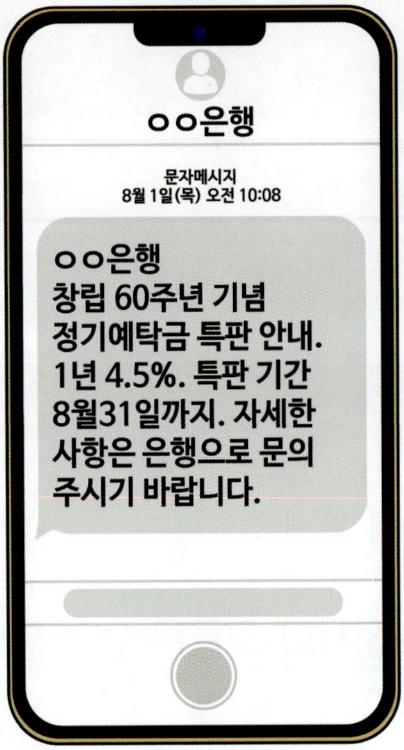

① 정기예금 금리는 얼마인가요?

② 특판 기간은 언제까지인가요?

3.

① 결제일은 언제인가요?

② 결제 금액은 얼마인가요?

4.

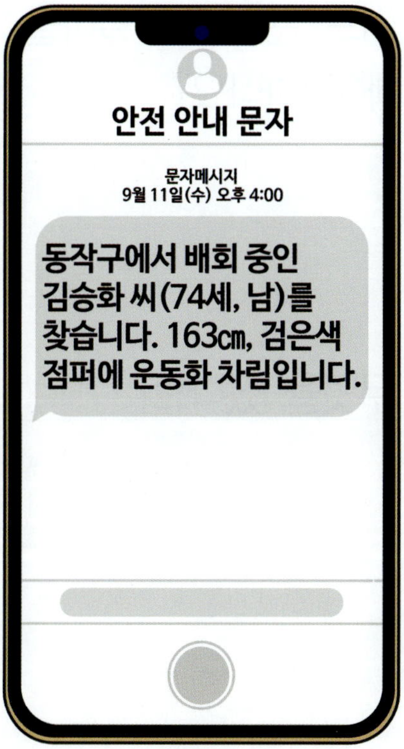

① 어떤 옷차림을 한 사람을 찾고 있나요?

② 이름과 나이는 어떻게 되나요?

5.

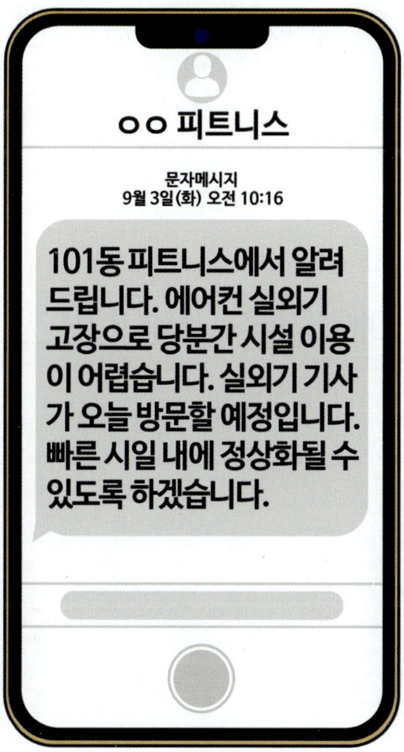

① 어디에서 온 문자인가요?

② 시설 이용이 어려운 이유는 무엇인가요?

6.

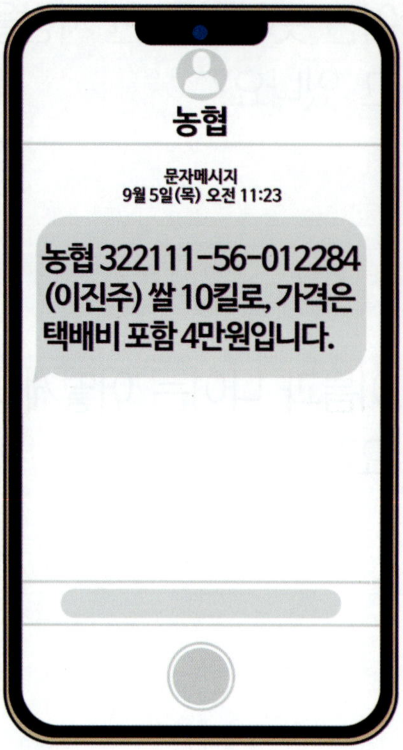

① 어느 은행으로 얼마를 송금해야 하나요?

② 무엇을 샀나요?

7.

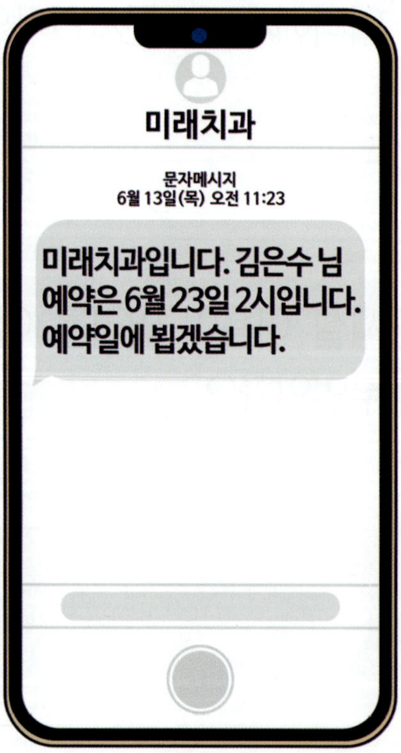

① 어디에서 보낸 문자인가요?

② 예약일은 언제인가요?

8.

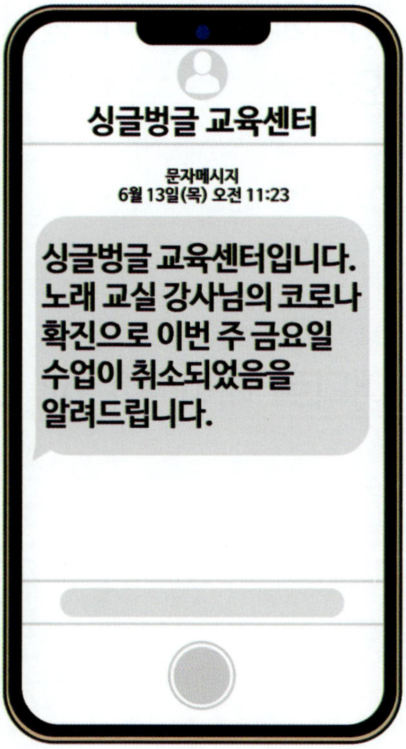

① 수업은 왜 취소되었나요?

② 무슨 수업인가요?

9.

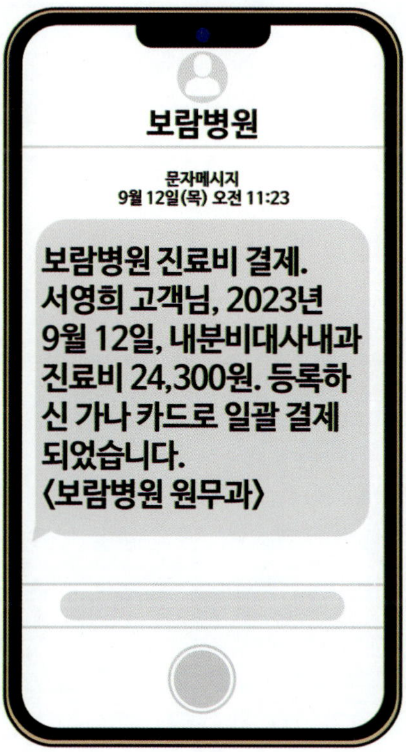

① 진료비는 얼마인가요?

② 무슨 과를 방문하여 진료를 받았나요?

10.

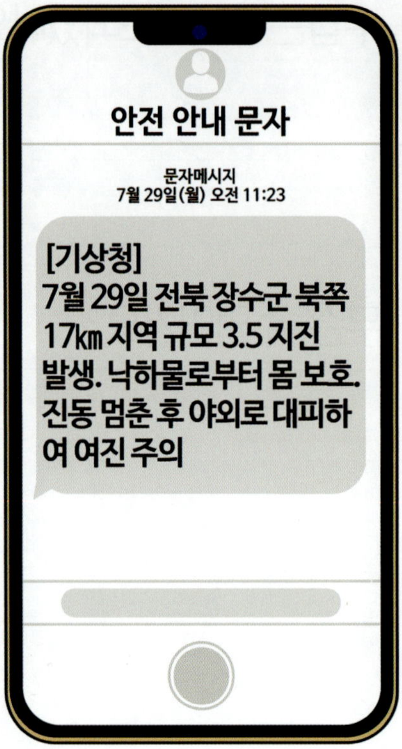

① 어디에서 지진이 발생했나요?

② 어디로 대피해야 하나요?

2) 짧은 글 읽기

≫ 다음 글을 읽고 질문에 답해 보세요.

1. 은혜 씨는 이가 안 좋아 치과를 방문했습니다. 치과에서는 임플란트를 권했지만 은혜 씨는 비용이 많이 들 것 같아 걱정이 앞섰습니다. 다행히 만 65세 이상은 2개까지 건강보험의 적용을 받아 본인 부담금 30%만 내면 된다고 하여 한시름 놓았습니다.

① 은혜 씨는 치과에서 무엇을 권유받았나요?

② 몇 살부터 임플란트의 건강보험이 적용되나요?

2. 정인 씨는 친구들과 1박 2일 남도 여행을 떠나기로 했습니다. KTX를 타고 여수로 가서 해상 케이블카를 타고, 그다음은 오동도에서 한창 예쁘게 핀 동백꽃을 구경하기로 했습니다. 다음 날은 순천으로 가 송광사를 방문할 예정입니다.

① 정인 씨는 어디로 여행을 가나요?

② 동백꽃이 한창인 곳은 어디인가요?

3. 금지 씨는 오늘 참치김밥을 만들기로 했습니다. 먼저 참치에 마요네즈를 섞고 레몬을 살짝 뿌린 후 청양고추를 잘게 다져 넣었습니다. 김에 밥을 펴서 그 위에 상추를 깔고, 참치, 계란, 단무지를 차례로 올렸습니다. 가족들이 맛있게 먹을 생각에 기분이 좋았습니다.

① 금지 씨가 오늘 준비할 음식은 무엇인가요?

② 참치에는 어떤 것들을 넣었나요?

4. 선자 씨는 매주 토요일 보태니컬 아트를 배우러 다닙니다. 보태니컬 아트는 식물학을 뜻하는 '보태니컬'과 예술을 뜻하는 '아트'를 결합한 말로, 식물을 세밀하게 그리는 것을 말합니다. 이번 주에는 보라색 도라지꽃을 그렸습니다.

① 보태니컬 아트란 무엇인가요?

② 선자 씨가 이번 주에 그린 것은 무엇인가요?

5. 기범 씨는 오늘 아내와 아차산에 올라갔습니다. 아차산은 295m로 그다지 높지 않아 가볍게 다녀올 수 있었습니다. 산 정상에서 보온병에 담아 간 커피를 나눠 마셨습니다. 저녁으로는 치킨을 배달시켜 맥주와 함께 먹었습니다.

① 기범 씨는 오늘 어디에 갔나요?

② 저녁으로는 무엇을 먹었나요?

6. 기영 씨는 손자를 데리고 동물원에 갔습니다. 손자는 호랑이를 보자 무서워하며 울음을 터뜨렸습니다. 솜사탕을 사 주며 달래자 겨우 울음을 그쳤습니다. 허리도 아픈데 자꾸 손자가 업어 달라고 해서 어쩔 수 없이 업어 주었습니다.

① 손자는 무엇을 보고 울었나요?

② 손자에게 무엇을 사 주었나요?

7. 내일 날씨를 알려드리겠습니다. 내일은 비구름이 차차 전국을 덮으며 대부분 지역에 비가 내리겠습니다. 예상 강우량은 영남과 제주에 10~60mm, 호남에 15~50mm, 중부에 5mm 정도입니다.

① 내일 날씨는 어떤가요?

② 가장 비가 적게 오는 지역은 어디인가요?

8. 2023년 하반기부터 서울시에서는 조부모 돌봄 수당을 지급할 예정이라고 합니다. 돌봄이 필요한 아이를 키우는 가정에서 조부모의 도움을 받게 될 때 육아 수당을 지원하는 제도입니다. 36개월 미만 아이를 돌보는 가구에 월 30만 원씩 최대 1년간 지원한다고 합니다.

① 조부모 돌봄 수당은 무엇인가요?

② 월 얼마씩 지원되나요?

9. 경아 씨는 어제 딸과 함께 미용실에 갔습니다. 경아 씨는 염색을 했고, 딸은 머리를 짧게 자른 후 파마를 했습니다. 경아 씨는 염색을 하니 젊어 보이는 것 같아 기분이 좋았습니다. 경아 씨는 집에 오는 길에 마트에 들러 장을 보고 왔습니다.

① 경아 씨는 미용실에서 무엇을 했나요?

② 경아 씨는 집에 오는 길에 어디에 들렀나요?

10. 현대 시장에서 추석맞이 문화 공연과 함께 '고객사랑 경품 축제'를 엽니다. 5만 원권 온누리상품권을 5명에게, 3만 원권을 25명에게 드립니다. 또한 2만 원 이상 물품 구매 시 국내산 양말을 드립니다.

① 경품은 무엇인가요?

② 2만 원 이상 구매 시 무엇을 주나요?

MEMO

3) 문장 읽고 순서 기억하기

»» 다음 문장을 읽고 언급되는 단어의 순서를 잘 기억하세요.

1. 2월에는 매화가 피고, 3월에는 산수유가 피며, 5월에는 장미가 피어납니다.

※ 다음 페이지 문제 1로 이동

2. 5월에는 마늘장아찌를 담그고, 6월에는 매실로 청을 만들고, 11월에는 김장을 합니다.

※ 다음 페이지 문제 2로 이동

3. 1월에는 고추장, 9월에는 오미자청을 담그고, 12월에는 콩으로 메주를 쑵니다.

※ 다음 페이지 문제 3으로 이동

4. 어느 날 숲속 동물들이 모여 음악회를 열기로 했습니다. 호랑이는 바이올린을 켜고, 여우는 플루트를 불고, 토끼는 탬버린을 치기로 했습니다.

※ 다음 페이지 문제 4로 이동

5. 동네에 "바나나가 왔어요." 과일 장수가 왔다 가고, "육쪽마늘이 왔어요." 야채 장수가 왔다 가고, 그다음 "싱싱한 제주 갈치가 한 상자에 만 원." 생선 장수가 왔다 갔습니다.

※ 다음 페이지 문제 5로 이동

»» 기억한 순서를 떠올리며 문장에 언급된 순서대로 빈칸에 숫자를 적어 보세요.

문제 1. 장미 (　　) 산수유 (　　) 매화 (　　)

문제 2. 김장 (　　) 마늘장아찌 (　　) 매실청 (　　)

문제 3. 메주 (　　) 고추장 (　　) 오미자청 (　　)

문제 4. 여우 (　　) 토끼 (　　) 호랑이 (　　)

문제 5. 야채 장수 (　　) 과일 장수 (　　) 생선 장수 (　　)

》 다음 문장을 읽고 언급되는 단어의 순서를 잘 기억하세요.

6. 제철 과일을 먹으면 몸에 좋다고 하는데, 6월에는 복분자, 7월에는 블루베리, 8월에는 복숭아가 제철이라고 합니다.

※ 다음 페이지 문제 6으로 이동

7. 3월에는 개나리가 피고, 5월에는 벚꽃, 7월에는 연꽃이 한창입니다.

※ 다음 페이지 문제 7로 이동

8. 8월에 해바라기, 9월에 메밀꽃, 12월에 동백꽃이 핍니다.

※ 다음 페이지 문제 8로 이동

9. 봄에는 향긋한 쑥버무리, 여름에는 기력을 돋우는 콩국수, 가을에는 토란국을 먹으면 건강에 좋다고 합니다.

※ 다음 페이지 문제 9로 이동

10. 설에는 떡국, 정월대보름에는 부럼을 깨물어 먹고, 추석에는 송편을 만들어 먹습니다.

※ 다음 페이지 문제 10으로 이동

>>> 기억한 순서를 떠올리며 문장에 언급된 순서대로 빈칸에 숫자를 적어 보세요.

문제 6. 복숭아 (   ) 블루베리 (   ) 복분자 (   )

문제 7. 연꽃 (   ) 벚꽃 (   ) 개나리 (   )

문제 8. 해바라기 (   ) 메밀꽃 (   ) 동백꽃 (   )

문제 9. 콩국수 (   ) 토란국 (   ) 쑥버무리 (   )

문제 10. 송편 (   ) 부럼 (   ) 떡국 (   )

4) 문장 읽고 예/아니요 판단하기

»» 제시된 문장을 읽고 순서대로 기억하세요.

예 시

① 1년은 12달이다.
② 호랑이는 바다에서 산다.

① (예) ② (아니요)

1. ① 얼음이 녹으면 물이 된다.
② 지구는 둥글다.

※ 다음 페이지 문제 1로 이동

2. ① 유리는 깨지지 않는다.
② 간장은 하얗다.

※ 다음 페이지 문제 2로 이동

3. ① 겨울에는 눈이 온다.
② 거미는 파리를 잡아먹는다.

※ 다음 페이지 문제 3으로 이동

4. ① 아들을 백년손님이라고 한다.
② 숭늉은 누룽지를 끓인 물이다.

※ 다음 페이지 문제 4로 이동

5. ① 오미자는 열 가지 맛이 난다.
② 고양이는 수염이 있다.

※ 다음 페이지 문제 5로 이동

››› 기억한 문장을 떠올리며 순서대로 '예' 또는 '아니요'로 말하거나 써 보세요.

문제 1. ① ( ) ② ( )

문제 2. ① ( ) ② ( )

문제 3. ① ( ) ② ( )

문제 4. ① ( ) ② ( )

문제 5. ① ( ) ② ( )

6. ① 하마는 입이 크다.
② 도서관은 돈을 빌리는 곳이다.

※ 다음 페이지 문제 6으로 이동

7. ① 사막에는 오아시스가 있다.
② 장갑은 손에 끼고 모자는 머리에 쓴다.

※ 다음 페이지 문제 7로 이동

8. ① 은인은 외나무다리에서 만난다고 한다.
② 해는 동쪽에서 뜨고 서쪽으로 진다.

※ 다음 페이지 문제 8로 이동

9. ① 반짝인다고 다 금은 아니다.
② 난로를 켜면 시원하다.

※ 다음 페이지 문제 9로 이동

10. ① 비가 오기 전에 무지개가 뜬다.
② 이가 아프면 치과에 가야 한다.

※ 다음 페이지 문제 10으로 이동

11. ① 형이 동생보다 나이가 적다.
② 사슴이 사자에게 잡아먹힌다.

※ 다음 페이지 문제 11로 이동

⋙ 기억한 문장을 떠올리며 순서대로 '예' 또는 '아니요'로 말하거나 써 보세요.

문제 6. ① (　　　　　　　　) ② (　　　　　　　　)

문제 7. ① (　　　　　　　　) ② (　　　　　　　　)

문제 8. ① (　　　　　　　　) ② (　　　　　　　　)

문제 9. ① (　　　　　　　　) ② (　　　　　　　　)

문제 10. ① (　　　　　　　　) ② (　　　　　　　　)

문제 11. ① (　　　　　　　　) ② (　　　　　　　　)

10. 의사소통: 읽기 이해

Level 02

※ 정답은 p. 318

1) 문자 메시지 읽기

》 다음 문자 메시지를 읽고 질문에 답해 보세요.

1.

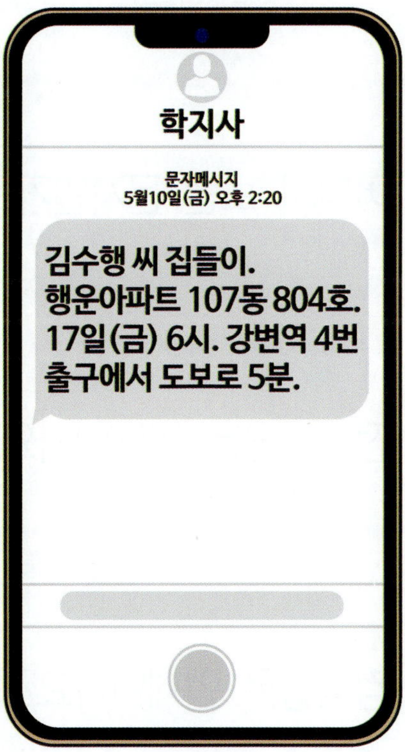

① 김수행 씨 집들이는 언제인가요?

② 장소는 어디인가요?

③ 무슨 역에서 내려야 하나요?

2.

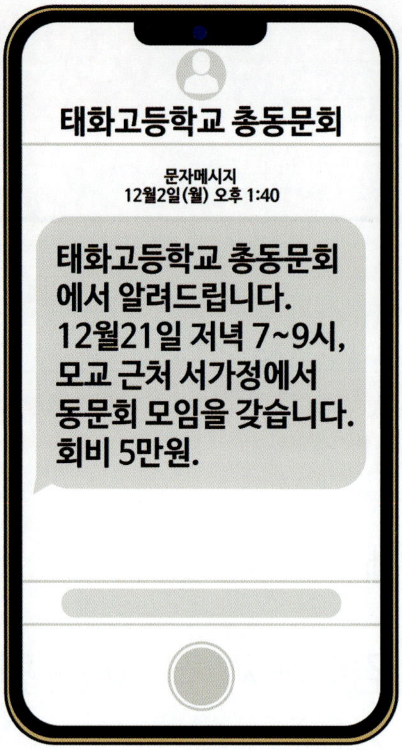

① 동문회 날짜는 언제인가요?

② 장소는 어디인가요?

③ 회비는 얼마인가요?

3.

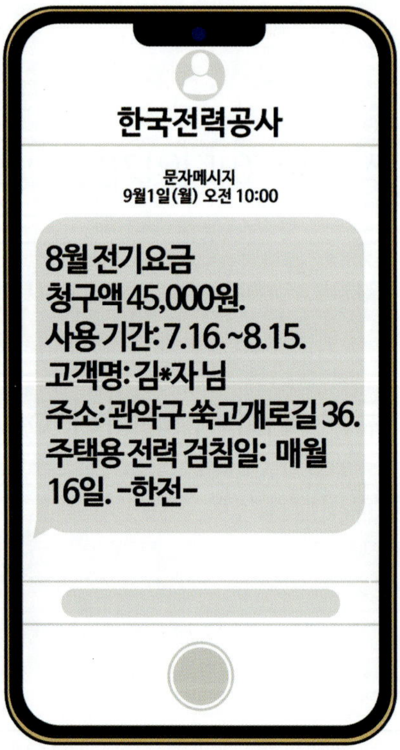

① 어디서 보낸 문자인가요?

② 전기요금은 얼마인가요?

③ 검침일은 언제인가요?

4.

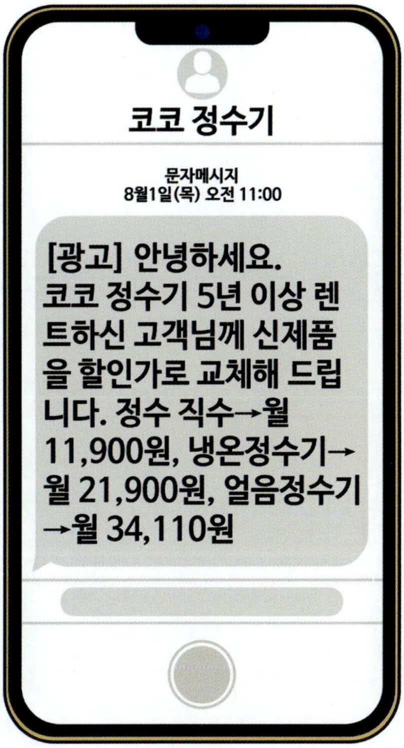

① 어디서 보낸 문자인가요?

② 가장 저렴한 정수기는 월 얼마인가요?

③ 가장 고가의 정수기는 무엇인가요?

5.

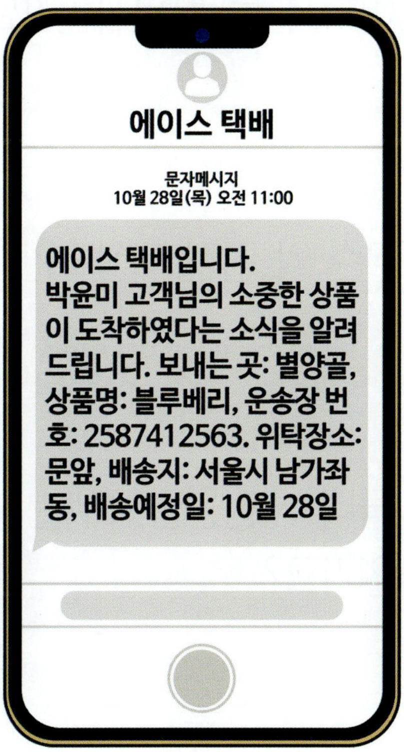

① 무엇을 주문했나요?

② 언제 도착할 예정인가요?

③ 받는 사람은 누구인가요?

6.

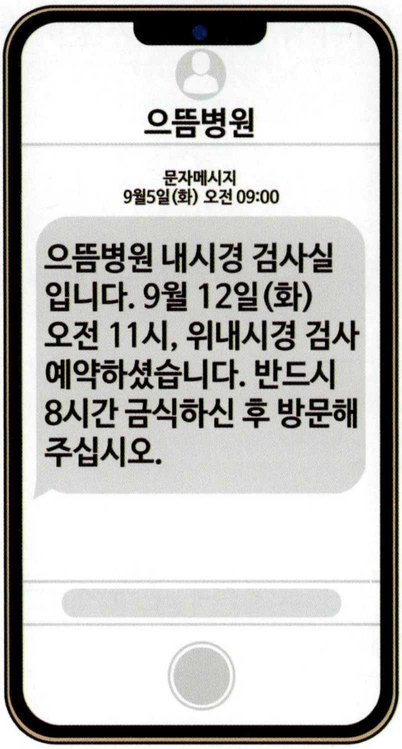

① 얼마 동안 금식해야 하나요?

② 무슨 검사를 예약했나요?

③ 검사일은 언제인가요?

7.

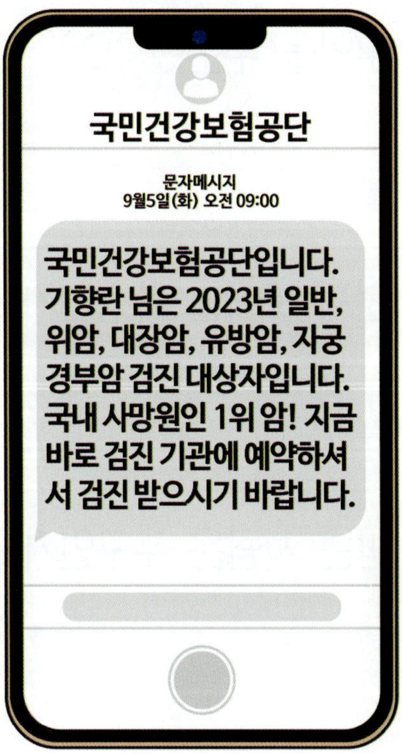

① 어디서 보낸 문자인가요?

② 무슨 암 검진 대상자인가요?

③ 국내 사망원인 1위는 무엇인가요?

8.

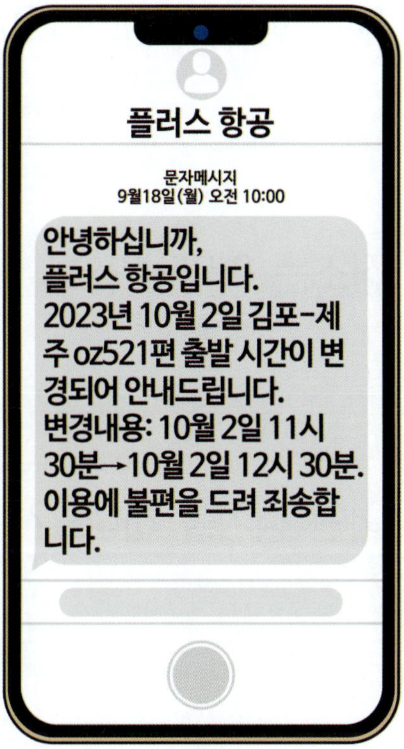

① 어디서 보낸 문자인가요?

② 무엇 때문에 보냈나요?

③ 어디로 가는 비행기인가요?

9.

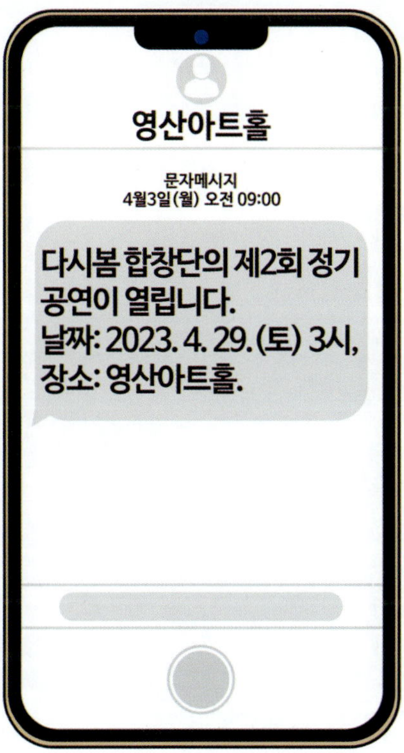

① 무슨 행사가 열리나요?

② 연주회 날짜는 언제인가요?

③ 장소는 어디인가요?

10.

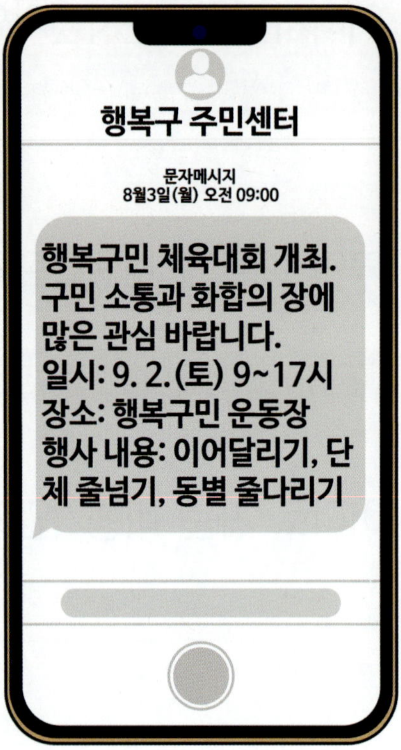

① 무슨 행사가 열리나요?

② 장소는 어디인가요?

③ 어떤 경기를 하나요?

2) 짧은 글 읽기

>>> 다음 글을 읽고 질문에 답해 보세요.

1.

은희 씨는 지난 주말 김장을 했습니다. 올해는 배추가 비싸다고 해서 조금만 담기로 하고 해남에서 절임 배추로 30포기만 주문했습니다. 고춧가루, 무, 쑥갓, 양파, 당근, 파, 새우, 굴, 젓갈 등 재료를 준비했습니다. 아들과 딸이 같이 도와주어서 수월하게 마칠 수 있었습니다. 김장을 마치고 돼지고기를 사다가 보쌈을 만들어 먹었습니다.

① 은희 씨는 김장을 얼마나 했나요?

② 김장 재료로는 무엇을 준비했나요?

③ 김장을 마친 후 무엇을 먹었나요?

2.

노인들 사이에서는 "고관절이 부러지면 다 살았다."라는 이야기가 있습니다. 실제 고관절이 부러지면 1년 안에 남성 노인의 약 37%, 여성 노인의 약 20%가 숨진다는 연구 결과가 나왔다고 합니다. 사망하지 않더라도 극심한 통증, 보행의 불편함으로 인해 삶의 질이 떨어집니다. 따라서 노인들은 비타민 D와 칼슘이 풍부한 음식을 먹어야 하며, 꾸준한 운동과 스트레칭으로 뼈 건강을 개선하는 데 힘써야 합니다.

① 고관절은 골절되면 어떤 일들이 일어나나요?

② 뼈 건강을 위해서는 어떤 음식을 먹어야 하나요?

③ 뼈 건강을 위해서 또 어떤 일을 해야 하나요?

3.

영희 씨는 어제 친구들과 청계산에 갔습니다. 청계산입구역에서 만나 3시간 등산을 하고 내려오는 길에 도토리묵과 파전을 먹었습니다. 등산을 마친 영희 씨는 마트에 들러 장을 보았습니다. 내일이 아들 생일이라 미역국을 끓이려고 소고기 한 근을 샀습니다. 마트에서 장을 본 영희 씨는 집 앞 약국에 들러 상비약을 샀습니다.

① 영희 씨가 어제 외식에서 먹은 음식은 무엇인가요?

② 영희 씨가 어제 간 곳을 순서대로 말하거나 써 보세요.

③ 영희 씨가 어제 간 곳을 맨 마지막에 간 곳부터 거꾸로 말하거나 써 보세요.

4.

정아 씨는 새 신발을 사려고 백화점에 갔습니다. 지난 어버이날 아들이 상품권으로 50만 원을 주었는데 아직 쓰지 않았기 때문입니다. 여러 가지 신발을 신어 보았지만 마음에 드는 것을 쉽게 고르지 못했습니다. 겨울 부츠가 마음에 들었지만 정아 씨가 원하는 하얀색은 240mm가 없었습니다. 점원이 주문을 하면 5일 후에 택배로 보내 준다고 하여 20만 원을 상품권으로 결제하고 집으로 돌아왔습니다.

① 정아 씨는 어떤 신발을 샀나요?

② 정아 씨의 발 사이즈는 어떻게 되나요?

③ 정아 씨에게 상품권은 얼마가 남았나요?

5.

2023년 8월 31일은 슈퍼 블루문이 뜬 날이다. 슈퍼문과 블루문이 동시에 뜨는 슈퍼 블루문 현상은 아주 드문 일이다. 달이 지구의 주위를 타원형으로 도는데, 지구와 가장 가까운 곳에 위치할 때 크게 보이므로 이때 뜨는 보름달을 '슈퍼문'이라고 한다. 8월 2일에 보름달이 떴고, 8월 31일에 뜬 달은 8월에서 두 번째로 뜬 보름달로 '블루문'이라 부른다. 한편, 다음 슈퍼 블루문은 2037년 1월 31일에 볼 수 있다.

① 2023년 슈퍼 블루문이 뜬 날은 언제인가요?

② 달이 지구 주위를 도는 모양은 어떤가요?

③ 다음 슈퍼 블루문은 언제 볼 수 있나요?

6.

지호 씨는 지난 주말 울릉도로 여름 휴가차 가족여행을 다녀왔습니다. 차로 울진까지 간 후 후포항에서 8시 반에 크루즈를 타고 1시에 울릉동 사동항에 도착했습니다. 울릉도 3대 해양 절경이라는 관음도, 삼선암, 코끼리바위를 보자 감탄이 절로 나왔습니다. 저녁으로는 싱싱한 오징어회와 독도새우를 먹었습니다.

① 후포항에서 사동항까지 얼마나 걸렸나요?

② 울릉도 3대 해양 절경은 무엇인가요?

③ 저녁으로는 무엇을 먹었나요?

7.

준호 씨는 옷을 사려고 백화점에 갔습니다. 마침 정기 세일 기간이어서 사람이 많았습니다. 혼자 이것저것 구경하다 보니 마음에 드는 갈색 스웨터를 발견했습니다. 원래 22만 원인데 20% 할인을 받아서 17만 6천 원에 샀습니다. 집에 와서 다시 입어 보니 품이 약간 작은 것 같았습니다. 그래서 내일 백화점에 가서 한 사이즈 큰 걸로 교환하기로 했습니다. 집에 돌아오는 길에 순두부찌개를 사 먹었고 마트에 들러 쓰레기봉투를 사 왔습니다.

① 준호 씨가 산 옷은 무엇인가요?

② 준호 씨는 얼마에 옷을 샀나요?

③ 준호 씨가 마트에서 산 것은 무엇인가요?

8.

근육량은 30대 중반부터 감소해 40대부터는 매년 1%씩 감소하고 80대가 되면 총 근육량의 최대 60%까지 잃게 된다고 합니다. 근육이 줄어들면 뼈나 관절에 무리가 가기 때문에 낙상, 골절로 이어질 수 있습니다. 또한 근육의 포도당 저장 기능이 떨어져 당뇨와 같은 대사 질환에 걸릴 가능성이 높아집니다. 근육량 감소를 예방하기 위해서는 적절한 운동과 함께 닭가슴살, 시금치, 블루베리 등을 먹으면 좋다고 합니다.

① 근육량은 언제부터 감소하기 시작하나요?

② 근육량이 감소하면 어떤 위험이 있나요?

③ 근육량 감소를 예방하기 위해서는 무엇이 필요한가요?

9.

〈서울 피트니스 이용 안내〉
피트니스 운영 시간은 아침 8시부터 저녁 8시까지입니다.
실내 운동화를 따로 챙겨 오셔야 하며, 밖에서 신던 운동화를 신으면 안 됩니다.
운동 후 본인이 사용한 기구 등은 제자리에 정리해 주세요.
다른 회원들을 위해 운동 기구의 사용은 30분씩으로 제한합니다.

① 피트니스 운영 시간은 언제인가요?

② 준비물은 무엇인가요?

③ 운동 기구는 얼마 동안 사용할 수 있나요?

10. 근화 씨는 길에서 정미 씨를 만났습니다. 올해 나이 80살로 동갑인 정미 씨는 넘어져서 무릎을 다쳤다며 지팡이를 짚고 있었습니다. 원래 허리도 안 좋은데 무릎까지 다쳐 고생이 이만저만이 아니라고 합니다. 한의원에 침 맞으러 가는 길이라던 정미 씨의 뒷모습을 보니 마음이 좋지 않았습니다. 내일은 정미 씨가 좋아하는 깻잎김치를 만들어 갖다줘야겠다고 생각하며 집으로 돌아왔습니다.

① 정미 씨는 어디를 다쳤나요?

② 정미 씨는 어디에 가는 중이었나요?

③ 정미 씨가 좋아하는 반찬은 무엇인가요?

3) 문장 읽고 순서 기억하기

››› 다음 문장을 읽고 순서를 잘 기억하세요.

1.

정희 씨는 아침에 일어나서 미지근한 물 한 잔을 마십니다. 그러고 나서 가볍게 맨손 운동을 30분 정도 합니다. 견과류를 넣은 요플레로 간단하게 아침을 먹습니다.

※ 다음 페이지 문제 1로 이동

2.

정희 씨는 여행을 다녀오느라 며칠 동안 밀린 빨래를 해서 널고 방 청소를 한 다음 거실에 앉아 얼음을 넣은 시원한 커피 한 잔을 마십니다.

※ 다음 페이지 문제 2로 이동

3.

정희 씨는 딸에게 전화를 걸어 내일 병원에 같이 갈 수 있는지 물어보았습니다. 그다음에 점심을 먹고 소파에 누워 한숨 잤습니다.

※ 다음 페이지 문제 3으로 이동

4.

정희 씨는 어두워지기 전에 빨래를 걷고 김치말이국수를 만들어 저녁을 먹은 후에 동네 놀이터로 산책을 나갔습니다.

※ 다음 페이지 문제 4로 이동

5.

정희 씨는 일일드라마 〈금이야 옥이야〉를 보며 빨래를 갠 후에 샤워를 하고 일찍 잠자리에 들었습니다.

※ 다음 페이지 문제 5로 이동

»» 문장을 다시 기억하며 일어난 순서대로 적어 보세요.

문제 1. ______________________________

____

____

문제 2. ______________________________

____

____

문제 3. ______________________________

____

____

문제 4. ______________________________

____

____

문제 5. ______________________________

____

____

≫ 다음 문장을 읽고 순서를 잘 기억하세요.

6.

오늘은 닭가슴살냉채를 만들어 보겠습니다. 먼저 닭가슴살을 삶아서 가늘게 찢습니다. 그리고 함께 곁들일 소스를 준비합니다.

※ 다음 페이지 문제 6으로 이동

7.

소스는 새콤하면서 알싸한 맛을 내기 위해 먼저 식초 두 큰술에, 설탕 한 큰술, 여기에 연겨자 한 큰술을 잘 섞으면 됩니다.

※ 다음 페이지 문제 7로 이동

8.

닭가슴살에 섞을 야채로는 다음 세 가지를 준비합니다. 먼저 숙주나물을 살짝 데치고, 빨간 파프리카를 가늘게 채로 썹니다. 그리고 오이도 채로 썹니다.

※ 다음 페이지 문제 8로 이동

9.

잘게 찢은 닭가슴살과 여러 가지 야채에 소스를 넣고 버무립니다. 마무리로 레몬즙을 살짝 뿌리고, 통깨를 더해 주면 됩니다.

※ 다음 페이지 문제 9로 이동

10.

그릇에 담은 후 냉장고에 넣어 차갑게 한 다음 시원하게 먹어도 맛있습니다. 열무비빔밥을 곁들이면 한 끼 식사로 완벽합니다.

※ 다음 페이지 문제 10으로 이동

>>> 문장을 다시 기억하며 일어난 순서대로 적어 보세요.

문제 6. ______________________________

____

____

문제 7. ______________________________

____

____

문제 8. ______________________________

____

____

문제 9. ______________________________

____

____

문제 10. ______________________________

____

____

4) 문장 읽고 예/아니요 판단하기

》 제시된 문장을 읽고 순서대로 기억하세요.

예 시

① 1년은 열두 달이다.
② 호랑이는 바다에서 산다.
③ 바나나는 과일이다.
(예) (아니요) (예)

1. ① 사자는 육식 동물이다.
② 양말을 신고 신발을 신는다.
③ 4에 5를 더하면 8이다.
※ 다음 페이지 문제 1로 이동

2. ① 수박은 귤보다 크다.
② 파리는 프랑스의 수도이다.
③ 올챙이는 자라서 개구리가 된다.
※ 다음 페이지 문제 2로 이동

3. ① 컵이 날 수 있다.
② 종이는 물에 젖는다.
③ 주사위는 정육면체이다.
※ 다음 페이지 문제 3으로 이동

4. ① 한국전쟁은 1953년에 일어났다.
② 우리나라 초대 대통령은 이승만이다.
③ 8월 다음에는 7월이 온다.
※ 다음 페이지 문제 4로 이동

5. ① 소화기는 빨간색이다.
② 개나리는 노란색이다.
③ 청개구리는 검은색이다.
※ 다음 페이지 문제 5로 이동

››› 기억한 문장을 떠올리며 '예' 또는 '아니요'로 말하거나 써 보세요.

문제 1. ① ( ) ② ( ) ③ ( )

문제 2. ① ( ) ② ( ) ③ ( )

문제 3. ① ( ) ② ( ) ③ ( )

문제 4. ① ( ) ② ( ) ③ ( )

문제 5. ① ( ) ② ( ) ③ ( )

›› 제시된 문장을 읽고 순서대로 기억하세요.

6. ① 자동차는 바퀴가 4개이다.
② 사과는 동그란 과일이다.
③ 열을 재는 도구는 청진기이다.
※ 다음 페이지 문제 6으로 이동

7. ① 레몬은 신맛이 난다.
② 설탕은 단맛이 난다.
③ 소금은 짠맛이 난다.
※ 다음 페이지 문제 7로 이동

8. ① 야채 가게에서 냉장고를 판다.
② 분식집에서 라면을 판다.
③ 가구점에서 침대를 판다.
※ 다음 페이지 문제 8로 이동

9. ① 촛불은 불어서 끌 수 없다.
② 연필로 글씨를 쓸 수 있다.
③ 돈으로 물건을 살 수 있다.
※ 다음 페이지 문제 9로 이동

10. ① 1+2=3이다.
② 6은 7과 9 사이에 있다.
③ 7 곱하기 8은 55이다.
※ 다음 페이지 문제 10으로 이동

11. ① 오늘이 화요일이면 그제는 일요일이다.
② 오늘이 5일이면 나흘 후는 9일이다.
③ 내일이 6일 수요일이면 어제는 5일 목요일이다.
※ 다음 페이지 문제 11로 이동

>>> 기억한 문장을 떠올리며 '예' 또는 '아니요'로 말하거나 써 보세요.

문제 6. ① ( ) ② ( ) ③ ( )

문제 7. ① ( ) ② ( ) ③ ( )

문제 8. ① ( ) ② ( ) ③ ( )

문제 9. ① ( ) ② ( ) ③ ( )

문제 10. ① ( ) ② ( ) ③ ( )

문제 11. ① ( ) ② ( ) ③ ( )

11. 의사소통: 쓰기

Level 01

※ 정답은 p. 321

1) 삼행시 짓기

1. 어머니의 이름을 한 글자씩 쓰고 삼행시를 지어 보세요.

(　　) : ____________________

(　　) : ____________________

(　　) : ____________________

2. 아버지의 이름을 한 글자씩 쓰고 삼행시를 지어 보세요.

(　　) : ____________________

(　　) : ____________________

(　　) : ____________________

3. 가족(또는 친척) 1의 이름을 한 글자씩 쓰고 삼행시를 지어 보세요.

(　　) : ____________________

(　　) : ____________________

(　　) : ____________________

4. 가족(또는 친척) 2의 이름을 한 글자씩 쓰고 삼행시를 지어 보세요.

(　　　) : ______________________________

(　　　) : ______________________________

(　　　) : ______________________________

5. 가족(또는 친척) 3의 이름을 한 글자씩 쓰고 삼행시를 지어 보세요.

(　　　) : ______________________________

(　　　) : ______________________________

(　　　) : ______________________________

6. 가장 친한 친구의 이름을 한 글자씩 쓰고 삼행시를 지어 보세요.

(　　　) : ______________________________

(　　　) : ______________________________

(　　　) : ______________________________

7. 가장 보고 싶은 친구의 이름을 한 글자씩 쓰고 삼행시를 지어 보세요.

(　　　) : ______________________________

(　　　) : ______________________________

(　　　) : ______________________________

8. 가장 기억에 남는 친구의 이름을 한 글자씩 쓰고 삼행시를 지어 보세요.

( ) : ______

( ) : ______

( ) : ______

9. 가장 만나고 싶은 사람의 이름을 한 글자씩 쓰고 삼행시를 지어 보세요.

( ) : ______

( ) : ______

( ) : ______

10. 가장 좋아하는 사람의 이름을 한 글자씩 쓰고 삼행시를 지어 보세요.

( ) : ______

( ) : ______

( ) : ______

2) 빈칸 채우기

>>> 다음 속담을 읽고 빈칸을 채워 보세요.

1. 사촌이 땅을 사면 □이/가 아프다 (　　　　)

2. □ 안에 든 쥐 (　　　　)

3. □ 짚고 헤엄치기 (　　　　)

4. 하룻강아지 □ 무서운 줄 모른다 (　　　　)

5. 공든 □이/가 무너지랴 (　　　　)

6. 가는 □이/가 고와야 오는 □이/가 곱다 (　　　　)

7. 고양이 □에 방울 달기 (　　　　)

8. 세 살 버릇 □□까지 간다 (　　　　)

9. 우물 안 □□□ (　　　　)

10. □□이/가 서 말이어도 꿰어야 보배 (　　　　)

3) 끝말잇기

≫ 빈칸에 알맞은 말을 넣어 끝말잇기를 완성해 보세요.

1. 기상 – 상□ – □연 ( ) ( )

2. 연구 – 구□ – □□이 ( ) ( )

3. 전부 – 부□□ – □빨 ( ) ( )

4. 소식 – 식□ – □장 ( ) ( )

5. 고민 – 민□ – □부 ( ) ( )

6. 장소 – 소□ – □□이 ( ) ( )

7. 나물 – 물□ – □미 ( ) ( )

8. 단추 – 추□ – □영 ( ) ( )

9. 행복 – 복□ – □사 ( ) ( )

10. 파도 – 도□ – □화 ( ) ( )

4) 자기소개글 쓰기

>>> 다음 빈칸에 알맞은 말을 써 보세요.

1. 내 이름은 ______________________

2. 내가 태어난 곳은 ______________________

3. 현재 내가 사는 곳은 ______________________

4. 내 나이는 ______________________

5. 내 형제는 ______________________

6. 내 가족은 ______________________

7. 내 직업은 ______________________

8. 내 취미는 ______________________

9. 내가 좋아하는 음식은 ______________________

10. 내가 좋아하는 색깔은 ______________________

5) 주제글 쓰기

›› 다음 주제에 관한 질문을 보고 문장으로 답해 보세요.

1. 음식

① 가장 좋아하는 음식은 무엇인가요? ______

② 그 음식에 들어가는 재료는 무엇인가요? ______

③ 만드는 방법을 아는 음식이 있다면 써 보세요. ______

④ 언제 어디서 누구와 먹었나요? ______

⑤ 그 음식의 맛에 대해 자신만의 방식으로 표현해 보세요.

______

2. 여행

① 가장 가 보고 싶은 곳은 어디인가요? ______

② 왜 가고 싶은가요? ______

③ 언제 가고 싶은가요? ______

④ 누구와 같이 가고 싶은가요? ______

⑤ 가서 무엇을 하고 싶은가요?

______

3. 고향

① 고향이 어디인가요? ____________________

② 고향을 떠났다면 그 시기는 언제인가요? ____________________

③ 고향에는 누가 있나요? ____________________

④ 고향의 자랑거리는 무엇인가요? ____________________

⑤ 고향에 얽힌 추억은 어떤 것이 있나요?

____

4. 취미

① 취미가 무엇인가요? ____________________

② 언제부터 시작했나요? ____________________

③ 어떤 계기로 시작하게 되었나요?

____

④ 어떤 점이 좋은가요?

____

⑤ 취미 활동을 통해서 이루고 싶은 일이 있나요?

____

6) 편지글 쓰기

1. 감사의 마음을 전하는 글을 써 보세요.

2. 생일을 축하하는 글을 써 보세요.

3. 미안한 마음을 전하는 글을 써 보세요.

4. 자녀 혹은 친구에게 해 주고 싶은 말을 글로 써 보세요.

5. 자신을 칭찬하는 글을 써 보세요.

7) 견해 쓰기

⋙ 다음 빈칸을 채우고 그 이유도 함께 써 보세요.

1. 나는 ______________이/가 제일 싫다. (사람)

왜냐하면, ______________________________

2. 나는 ______________이/가 제일 좋다. (사람)

왜냐하면, ______________________________

3. 나는 ______________이/가 제일 싫다. (음식)

왜냐하면, ______________________________

4. 나는 ______________이/가 제일 좋다. (음식)

왜냐하면, ______________________________

5. 나는 ______________이/가 제일 싫다. (집안일)

왜냐하면, ______________________________

6. 나는 ________________ 이/가 제일 좋다. (집안일)

왜냐하면, ____

7. 나는 ________________ 이/가 제일 좋다. (색깔)

왜냐하면, ____

8. 나는 ________________ 이/가 제일 싫다. (색깔)

왜냐하면, ____

9. 나는 ________________ 이/가 제일 좋다. (장소)

왜냐하면, ____

10. 나는 ________________ 이/가 제일 싫다. (장소)

왜냐하면, ____

8) 노래 가사 쓰기

≫ 빈칸에 알맞은 노래 가사를 써 보세요.

1. 낮에 나온 반달

낮에 나온 반달은 하얀 반달은
해님이 쓰다 버린 □□인가요

(   )

2. 나무야

나무야 나무야 서서 자는 나무야
나무야 나무야 다리 아프지
나무야 나무야 □□□ □□□

(   )

3. 초록 바다

초록빛 바닷물에 두 손을 담그면
물결이 □□ 어루만져요

(   )

4. 꼬마 눈사람

한겨울에 □□□□ 꼬마 눈사람
눈썹이 우습구나 코도 삐뚤고

(　　　　　　　　　　　　　　　)

5. 구슬비

송알송알 싸리잎에 은구슬
□□□□ 거미줄에 옥구슬

(　　　　　　　　　　　　　　　)

6. 섬그늘

엄마가 섬그늘에 굴 따러 가면
아이는 혼자 남아 집을 보다가
바다가 들려주는 □□□□에
팔 베고 스르르르 잠이 듭니다

(　　　　　　　　　　　　　　　)

7. 과수원길

동구 밖 과수원길 □□□□ 꽃이 활짝 폈네
하얀 꽃 이파리 눈송이처럼 날리네

(　　　　　　　　　　　　　　　)

8. 기찻길 옆 오막살이

기찻길 옆 오막살이 아기아기 잘도 잔다
칙폭 칙칙 폭폭 칙칙폭폭 칙칙폭폭
기차소리 □□□□ 아기아기 잘도 잔다

( )

9. 꼬부랑 할머니

꼬부랑 할머니가 꼬부랑 고갯길을
꼬부랑꼬부랑 넘어가고 있네
고개는 □□□□ 고개를 고개를 넘어간다

( )

10. 가을길

노랗게 노랗게 물들었네
빨갛게 빨갛게 물들었네
파랗게 파랗게 □□ □□ 가을길은 고운길

( )

9) 자서전 쓰기

⋙ 당신의 인생에서 가장 중요했던 일을 나이대별로 한 문장씩 써 보세요.

1. 10대 이전

2. 10대

3. 20대

4. 30대

5. 40대

6. 50대

7. 60대

8. 70대

9. 80대

10. 90대

»» 당신의 인생에서 가장 슬펐던 순간을 나이대별로 한 문장씩 써 보세요.

1. 10대 이전

2. 10대

3. 20대

4. 30대

5. 40대

6. 50대

7. 60대

8. 70대

9. 80대

10. 90대

>>> 당신의 인생에서 가장 행복했던 순간을 나이대별로 한 문장씩 써 보세요.

1. 10대 이전

____

2. 10대

____

3. 20대

____

4. 30대

____

5. 40대

____

6. 50대

____

7. 60대

____

8. 70대

____

9. 80대

____

10. 90대

____

Level 02

12. 의사소통: 쓰기

※ 정답은 p. 328

1) 삼행시 짓기

⋙ 다음의 주어진 낱말로 삼행시를 지어 보세요.

1. 오 ____________________

징 ____________________

어 ____________________

2. 부 ____________________

동 ____________________

산 ____________________

3. 비 ____________________

행 ____________________

기 ____________________

4. 고 ____________________

무 ____________________

신 ____________________

5. 배 ____________________

우 ____________________

자 ____________________

6. 장 ____________________

난 ____________________

감 ____________________

7. 경 ____________________

복 ____________________

궁 ____________________

8. 무 ____________________

지 ____________________

개 ____________________

9. 고 ____________________

구 ____________________

마 ____________________

10. 선 ____________________

인 ____________________

장 ____________________

2) 빈칸 채우기

»» 다음 빈칸을 채워 보세요.

1. 긁어 □□□ 만들지 말아라. (　　　　)

2. □□ □ 떡 하나 더 준다. (　　　　)

3. 소 잃고 □□□ 고친다. (　　　　)

4. 일찍 일어나는 새가 □□을/를 잡는다. (　　　　)

5. 자라 보고 놀란 가슴 □□□ 보고 놀란다. (　　　　)

6. □□□도 밟으면 꿈틀한다. (　　　　)

7. □□□도 두들겨 보고 건너라. (　　　　)

8. 개구리 □□□ 적 생각 못 한다. (　　　　)

9. □□□에 옷 젖는 줄 모른다. (　　　　)

10. 금강산도 □□□ (　　　　)

3) 끝말잇기

»» 빈칸에 알맞은 말을 넣어 끝말잇기를 완성해 보세요.

1. 투자 - □□ - □자 ( )

2. 데릴사□ - □□ - □마 ( )

3. 평□ - □일 - 일□장 ( )

4. 작□ - □거 - 거□말 ( )

5. 애□ - □실 - 실□화 ( )

6. 공주 - 주□공 - 공□ - □탕 - 탕□ ( )

7. 시계 - 계□ - □세미인 - 인□ - □가 ( )

8. 모□ - □서 - 서점 - 점□ - □비 ( )

9. 며□리 - 리□□ - □메라 - 라□ ( )

10. 소송 - 송□이 - 이□□ - 사□ - □장 ( )

4) 자기소개글 쓰기

››› 이름, 나이, 고향, 형제, 가족, 직업, 취미 등을 넣어 자기소개글을 써 보세요.

5) 주제글 쓰기

1. 음식에 관한 글을 써 보세요.
(가장 좋아하는 음식, 재료, 만드는 방법, 음식과 관련된 추억, 맛 표현: 필수 포함)

2. 여행에 관한 글을 써 보세요.
(가장 가 보고 싶은 곳, 이유, 시기, 동행인: 필수 포함)

3. 고향에 관한 글을 써 보세요.
(지역, 떠나온 시기, 얽힌 추억, 자랑거리: 필수 포함)

4. 취미에 관한 글을 써 보세요.
(종류, 시작 시기, 계기, 장점, 향후 계획: 필수 포함)

6) 편지글 쓰기

1. 가장 보고 싶은 사람에게 편지를 써 보세요.

보고 싶은 ____________ 에게

____

____

____

____

____

○○○○년 ○월 ○일

____

2. 가장 미안한 사람에게 편지를 써 보세요.

____________ 에게

____

____

____

____

____

○○○○년 ○월 ○일

____

3. 가장 고마운 사람에게 편지를 써 보세요.

____________에게

○○○○년 ○월 ○일

4. 과거의 나에게 편지를 써 보세요.

____________에게

○○○○년 ○월 ○일

5. 현재의 나에게 편지를 써 보세요.

_______________에게

○○○○년 ○월 ○일

6. 미래의 나에게 편지를 써 보세요.

_______________에게

○○○○년 ○월 ○일

7) 견해 쓰기

》 다음 빈칸을 채워 보세요.

1. 나는 다시 태어나면 ________이/가 되고 싶다.

왜냐하면,

____

2. 나는 학생들이 교복을 입는 것에 찬성/반대한다.

왜냐하면,

____

3. 나는 조부모가 손자 손녀를 돌보는 것에 찬성/반대한다.

왜냐하면,

____

4. 나는 지하철의 무임승차 연령을 올리는 것에 대해 찬성/반대한다.

왜냐하면,

____

5. 나는 노인의 운전면허 반납을 찬성/반대한다.

왜냐하면,

____

6. 나는 안락사를 찬성/반대한다.
왜냐하면,

---

7. 나는 사형제도를 찬성/반대한다.
왜냐하면,

---

8. 나는 황혼이혼을 찬성/반대한다.
왜냐하면,

---

9. 나는 개 식용 금지를 찬성/반대한다.
왜냐하면,

---

10. 나는 촉법소년 연령을 낮추는 것에 찬성/반대한다.
왜냐하면,

---

8) 노래 가사 쓰기

≫ 다음 노래의 가사를 찾아 적어 보세요.

1. 아리랑

아리랑 아리랑 아라리요 아리랑 고개를 넘어간다
나를 버리고 가시는 님은 □□도 못 가서 발병 난다

( )

2. 날 좀 보소

날 좀 보소 날 좀 보소
동지 □□ 꽃 본 듯이 날 좀 보소

( )

3. 군밤타령

바람이 분다 바람이 분다
□□ 바다에 어허어얼싸 봄바람 분다

( )

4. 도라지타령

도라지 도라지 백도라지
□□□□에 백도라지

(   )

5. 천안 삼거리

천안 삼거리 흥 능수야 □□은 흥
제멋에 겨워서 휘늘어졌구나

(   )

6. 쾌지나 칭칭 나네

쾌지나 칭칭 나네 쾌지나 칭칭 나네
청천 하늘엔 □도 많다 쾌지나 칭칭 나네

(   )

7. 신고산타령

신고산이 우르르 □□□ 떠나는 소리에
구고산 큰애기 반봇짐만 싸누나

(   )

8. 진도아리랑

아리아리랑 쓰리쓰리랑 아라리가 났네
아리랑 음음음 아라리가 났네
□□□□는 왠 고갠가 구부야 구부구부가
눈물이로구나

( )

9. 애국가

동해물과 □□□이 마르고 닳도록
하느님이 보우하사 우리나라 만세

( )

10. 아모르 파티

산다는 게 다 그런 거지 누구나 빈손으로 와
□□ 같은 한 편의 이야기들을 세상에 뿌리며 살지

( )

9) 자서전 쓰기

»» 당신의 인생에서 가장 중요했던 일, 슬펐던 일, 행복했던 일을 나이 대별로 3~4개 문장씩 써 보세요.

1. 10대 이전

2. 10대

3. 20대

4. 30대

5. 40대

6. 50대

7. 60대

8. 70대

9. 80대

10. 90대

정답지

Level 01

1. 의사소통: 이름대기 Ⅰ

1) 첫소리 기억하기

다음 네 글자로 된 단어의 첫 글자를 기억하고 문자판에서 찾아보세요.

1. 막상막하 → ㅁㅅㅁㅎ
삼삼오오 → ㅅㅅㅇㅇ
수수께끼 → ㅅㅅㄲㄲ
알음알음 → ㅇㅇㅇㅇ
각양각색 → ㄱㅇㄱㅅ
장유유서 → ㅈㅇㅇㅅ
강강술래 → ㄱㄱㅅㄹ
뒤죽박죽 → ㄷㅈㅂㅈ
무궁무진 → ㅁㄱㅁㅈ
이열치열 → ㅇㅇㅊㅇ
연말연시 → ㅇㅁㅇㅅ
설상가상 → ㅅㅅㄱㅅ
시시콜콜 → ㅅㅅㅋㅋ
인산인해 → ㅇㅅㅇㅎ
시시각각 → ㅅㅅㄱㄱ
역지사지 → ㅇㅈㅅㅈ
자자손손 → ㅈㅈㅅㅅ

2. 수레바퀴 → ㅅㄹㅂㅋ
아프리카 → ㅇㅍㄹㅋ
소매치기 → ㅅㅁㅊㄱ
자린고비 → ㅈㄹㄱㅂ
우리나라 → ㅇㄹㄴㄹ
해바라기 → ㅎㅂㄹㄱ
엉망진창 → ㅇㅁㅈㅊ
신토불이 → ㅅㅌㅂㅇ
불가사리 → ㅂㄱㅅㄹ
비석치기 → ㅂㅅㅊㄱ
호주머니 → ㅎㅈㅁㄴ
동상이몽 → ㄷㅅㅇㅁ
산들바람 → ㅅㄷㅂㄹ
바야흐로 → ㅂㅇㅎㄹ
국무총리 → ㄱㅁㅊㄹ
데릴사위 → ㄷㄹㅅㅇ
노심초사 → ㄴㅅㅊㅅ

승승장구 → ㅅㅅㅈㄱ
다다익선 → ㄷㄷㅇㅅ
횡설수설 → ㅎㅅㅅㅅ
우유부단 → ㅇㅇㅂㄷ
사사건건 → ㅅㅅㄱㄱ
자신만만 → ㅈㅅㅁㅁ
갈팡질팡 → ㄱㅍㅈㅍ
말괄량이 → ㅁㄱㄹㅇ
장바구니 → ㅈㅂㄱㄴ
위계질서 → ㅇㄱㅈㅅ

2) 초성 퀴즈

1. 13시 50분
2. 강릉

3) 빈칸 채우기

1. 〈예시〉 과일가게, 옷, 꽃집, 정육점, 떡볶이, 화장품, 생선, 마트, 야채, 호떡집
2. 〈예시〉 간호사, 의사, 주사, 의자, 약, 침대, 검사실, 엑스레이, 컴퓨터, 환자, 수술실
3. 〈예시〉 드라이기, 가위, 거울, 빗, 스프레이, 파마기, 샴푸, 소파, 염색약, 수건
4. 〈예시〉 아이스크림, 담배, 김밥, 우유, 커피, 빵, 약, 과자, 샴푸, 라면
5. 〈예시〉 해열제, 두통약, 영양제, 파스, 밴드, 비타민, 건강음료, 진통제, 소화제, 마스크
6. 〈예시〉 삼겹살, 차돌박이, 닭고기, 오리고기, 등심, 안심, 갈비, 칼, 도마, 냉장고
7. 〈예시〉 갈치, 꽁치, 조기, 조개, 꽃게, 고등어, 오징어, 홍합, 미꾸라지, 광어
8. 〈예시〉 커피, 차, 얼음, 컵, 원두, 케이크, 쿠키, 테이블, 접시, 포크
9. 〈예시〉 숟가락, 젓가락, 메뉴판, 밥, 찌개, 정수기, 테이블, 접시, 냉면, 반찬

4) 모음으로 단어 만들기

1. 〈예시〉 고기, 노인, 도끼, 동심, 목침, 보리, 볼링, 소리, 코피, 토지, 통신, 호밀
2. 〈예시〉 가구, 가문, 박수, 밧줄, 방울, 가출, 간부, 간수, 감수, 감투, 탁구, 학문
3. 〈예시〉 거미, 벌집, 범인, 서리, 거짓, 검지, 검진, 넓이, 적립, 정직, 허리, 헌신
4. 〈예시〉 고국, 손주, 오후, 조국, 공구, 공군, 논둑, 농구, 토굴, 호두, 호수, 홀수
5. 〈예시〉 구독, 수온, 수조, 울보, 굴복, 눈곱, 중복, 추모, 출몰, 품목, 부모, 후손
6. 〈예시〉 가성, 가전, 장전, 착어, 찰떡, 판서, 감정, 낙서, 단정, 맞절, 반전, 항성
7. 〈예시〉 기고, 일목, 일조, 지목, 미모, 미혼, 밀도, 식솔, 신고, 진로, 진동, 친족, 피로
8. 〈예시〉 기기, 식기, 이식, 이직, 미비, 밀실, 밀짚, 비닐, 읽기, 지리, 직인, 짚신
9. 〈예시〉 걱정, 절전, 정서, 정성, 철거, 범벅, 법정, 서성, 서점, 선거, 적성, 헝겁

5) 자음으로 단어 만들기

1. 〈예시〉 가방, 강변, 개방, 건방, 건배, 견본, 개발, 과반, 국보
2. 〈예시〉 하녀, 한낮, 학년, 하늘, 향년, 형님, 효능, 효녀, 흉내
3. 〈예시〉 사막, 사명, 사물, 산맥, 살맛, 상막, 색맹, 수막, 수목
4. 〈예시〉 마모, 만물, 만민, 말문, 매물, 매미, 무마, 미만, 민물
5. 〈예시〉 나라, 난로, 난류, 내륙, 노력, 논리, 놀림, 누리, 능력
6. 〈예시〉 바지, 박자, 박쥐, 반장, 반지, 반전, 별장, 병장, 본전
7. 〈예시〉 다행, 당황, 대하, 대한, 동화, 도형, 독해, 동학, 동해
8. 〈예시〉 타액, 타올, 타의, 타인, 탄약, 탄압, 탐욕, 탕약, 태양
9. 〈예시〉 가락, 가래, 가로, 가루, 간략, 강력, 강릉, 고려, 그림
10. 〈예시〉 파도, 판독, 판돈, 페달, 편도, 평등, 포대, 포도, 푯대

6) 동사 말하기

1. 〈예시〉 지저귀다, 자다, 먹다, 걷다, (알을) 품다, 이동하다, 울다
2. 〈예시〉 쓰다, 감다, 긁다, 염색하다, 자르다, 잡아당기다, 때리다, 쓰다듬다
3. 〈예시〉 닦다, 씻다, 비비다, 들다, 내리다, 건네다, 맞잡다, 떼다
4. 〈예시〉 내밀다, 닦다, 보다, 비추다, 세수하다, 화장하다, 들다
5. 〈예시〉 자라다, 베다, 키우다, 살리다, 심다, 떼다, 뽑다, 가꾸다
6. 〈예시〉 쓰다, 벗다, 벗기다, 씌우다, 사다, 팔다, 만들다, 꾸미다
7. 〈예시〉 마시다, 끓이다, 담다, 삼키다, 흐르다, 쏟다, 따르다, 뿌리다
8. 〈예시〉 먹다, 짓다, 담다, 푸다, 흘리다, 덜다, 남기다
9. 〈예시〉 입다, 벗다, 개다, 널다, 빨다, 모으다, 걸다, 넣다, 보관하다
10. 〈예시〉 자르다, 접다, 찢다, 칠하다, 그리다, 쓰다, 보내다, 붙이다

7) 명사 말하기

1. 〈예시〉 기타, 드럼, 북, 박수, 키보드, 장구, 징, 번개
2. 〈예시〉 선물, 밥, 먹이, 돈, 마음, 도움, 손
3. 〈예시〉 책, 잡지, 신문, 문자 메시지, 메일, 편지, 메모
4. 〈예시〉 하모니카, 휘파람, 풍선, 피리, 촛불, 플루트, 트럼펫
5. 〈예시〉 개나리, 벚꽃, 웃음꽃, 연탄불, 살림, 주름, 얼굴
6. 〈예시〉 여행, 삶, 낚시, 청춘, 공휴일, 술, 문화생활, 취미
7. 〈예시〉 산, 정상, 왕위, 벼슬길, 기차, 구설, 혈압, 체온, 물가
8. 〈예시〉 장작, 담배, 고기, 밥, 속, 애간장, 입술, 말, 자동차, 커피
9. 〈예시〉 물건, 보물, 단어, 돈, 고향, 명예, 자신감, 병원, 제정신
10. 〈예시〉 산, 군대, 식당, 시장, 학교, 눈길, 호감, 신호, 소식

8) 같은 글자로 시작하는 단어 말하기

1. 〈예시〉 노래 - 거미
2. 〈예시〉 사슴 - 단추
3. 〈예시〉 객석 - 찬성
4. 〈예시〉 씨름 - 큰어머니
5. 〈예시〉 얼갈이 - 미용실
6. 〈예시〉 당구 - 팔방미인
7. 〈예시〉 방귀 - 열기구
8. 〈예시〉 리모컨 - 다리미
9. 〈예시〉 바둑 - 축배
10. 〈예시〉 자리 - 털신

9) 같은 글자로 끝나는 단어 말하기

1. 〈예시〉 선잠 - 동서남북
2. 〈예시〉 고리 - 축구
3. 〈예시〉 교무실 - 의사
4. 〈예시〉 풍악 - 빵집
5. 〈예시〉 동굴 - 화술
6. 〈예시〉 호리병 - 아장아장
7. 〈예시〉 겨울 - 다정
8. 〈예시〉 견본 - 교정
9. 〈예시〉 편지 - 부하
10. 〈예시〉 수금 - 겉옷

Level 02

2. 의사소통: 이름대기 I

1) 첫소리 기억하기

1. ㅈ ㅇ ㅂ ㅅ ㅈ
2. ㄱ ㅎ ㅁ ㅅ ㅅ
3. ㄱ ㅅ ㄹ ㅇ ㅈ
4. ㅁ ㅅ ㅋ ㄹ ㅇ
5. ㄱ ㅈ ㅁ ㅈ ㅇ
6. ㄱ ㅎ ㄱ ㄴ ㅇ
7. ㅇ ㅈ ㅅ ㄱ ㄹ
8. ㅂ ㄴ ㅎ ㅇ ㅅ
9. ㅇ ㄷ ㄷ ㄹ ㅅ
10. ㅇ ㅋ ㅅ ㅌ ㄹ
11. ㅂ ㅁ ㅂ ㅈ ㄱ
12. ㄹ ㅁ ㄴ ㅇ ㄷ
13. ㅇ ㄴ ㅁ ㄷ ㄹ
14. ㄷ ㅈ ㄱ ㅇ ㅅ
15. ㅎ ㅇ ㅌ ㅂ ㄷ
16. ㅅ ㅈ ㅇ ㅇ ㄱ
17. ㅅ ㄹ ㅂ ㅋ ㅇ
18. ㅈ ㄱ ㅊ ㅅ ㄱ
19. ㅁ ㅊ ㅊ ㄷ ㅁ
20. ㅋ ㄹ ㅅ ㅌ ㄹ

2) 초성 퀴즈

1. 무병장수 → ㅁㅂㅈㅅ
2. 고진감래 → ㄱㅈㄱㄹ
3. 천차만별 → ㅊㅊㅁㅂ
4. 함흥차사 → ㅎㅎㅊㅅ
5. 사필귀정 → ㅅㅍㄱㅈ
6. 작심삼일 → ㅈㅅㅅㅇ
7. 일거양득 → ㅇㄱㅇㄷ
8. 타산지석 → ㅌㅅㅈㅅ
9. 속수무책 → ㅅㅅㅁㅊ
10. 과대평가 → ㄱㄷㅍㄱ
11. 금상첨화 → ㄱㅅㅊㅎ
12. 칠전팔기 → ㅊㅈㅍㄱ
13. 사필귀정 → ㅅㅍㄱㅈ
14. 희로애락 → ㅎㄹㅇㄹ
15. 새옹지마 → ㅅㅇㅈㅁ
16. 관혼상제 → ㄱㅎㅅㅈ
17. 명실상부 → ㅁㅅㅅㅂ
18. 막상막하 → ㅁㅅㅁㅎ
19. 백년해로 → ㅂㄴㅎㄹ
20. 십시일반 → ㅅㅅㅇㅂ
21. 크리스마스 → ㅋㄹㅅㅁㅅ
22. 공무도하가 → ㄱㅁㄷㅎㄱ
23. 다이아몬드 → ㄷㅇㅇㅁㄷ
24. 세잎클로버 → ㅅㅇㅋㄹㅂ
25. 국회의사당 → ㄱㅎㅇㅅㄷ
26. 양송이버섯 → ㅇㅅㅇㅂㅅ
27. 자동판매기 → ㅈㄷㅍㅁㄱ
28. 너도밤나무 → ㄴㄷㅂㄴㅁ

29. 담쟁이넝쿨 → ㄷㅈㅇㄴㅋ

30. 오른손잡이 → ㅇㄹㅅㅈㅇ

3) 빈칸 채우기

1. 〈예시〉 볼펜, 칼, 자, 계산기, 지우개, 메모지, 형광펜, 수첩, 휴지, 테이프

2. 〈예시〉 칼, 도마, 냄비, 프라이팬, 가스레인지, 전자레인지, 숟가락, 수세미

3. 〈예시〉 돗자리, 사다리, 삽, 드라이버, 망치, 못, 선반, 자전거, 의자, 빗자루

4. 〈예시〉 마을버스, 시내버스, 의자, 노선도, 시외버스, 고속버스

5. 〈예시〉 당근, 당면, 간장, 깨, 고기, 시금치, 참기름, 버섯, 양파, 파

6. 〈예시〉 오렌지 주스, 콜라, 사이다, 환타, 게토레이, 레모네이드, 매실차

7. 〈예시〉 숭례문, 석가탑, 석굴암, 불국사, 첨성대, 고려청자, 경복궁, 왕릉

4) 모음으로 단어 만들기

1. 〈예시〉 고도리, 고소인, 골목길, 공놀이, 공포심, 꽃송이, 돋보기, 오솔길, 종소리

2. 〈예시〉 고사리, 고라니, 골짜기, 곰팡이, 꼬까신, 노다지, 도가니, 오락실, 토박이

3. 〈예시〉 고가품, 공산품, 노란불, 농산물, 농장주, 솔방울, 조각품, 콩가루, 호박죽

4. 〈예시〉 구두질, 국수집, 누룽지, 두루미, 부수입, 수술실, 중국집, 풀뿌리, 투숙인

5. 〈예시〉 국방비, 군함기, 굴다리, 굴삭기, 물갈이, 부잣집, 분만실, 불나비, 울타리

6. 〈예시〉 공중전, 녹두전, 논두렁, 놀부전, 목축업, 보물섬, 손수건, 솥뚜껑, 포물선

5) 자음으로 단어 만들기

1. 〈예시〉 발걸음, 발돋움, 밤송이, 방송인, 배심원, 뱃놀이, 복숭아

2. 〈예시〉 자갈밭, 작곡법, 잡곡밥, 전깃불, 잠수부, 잠수복, 장밋빛, 재개발, 전염병

3. 〈예시〉 옷고름, 아리랑, 암기력, 앞머리, 양다리, 양서류, 양자론, 여드름, 원자력
4. 〈예시〉 사나이, 사무원, 사회인, 산천어, 살얼음, 산림욕, 상담원, 색종이, 석굴암
5. 〈예시〉 사교계, 사냥개, 사령관, 사마귀, 사색가, 사업가, 사윗감, 사춘기, 상품권
6. 〈예시〉 올빼미, 아가미, 안내문, 앞치마, 야생마, 얼룩말, 오르막, 음식물, 이재민
7. 〈예시〉 마당쇠, 마법사, 마술사, 막국수, 만년설, 말실수, 매표소, 맥반석, 명세서

6) 동사 말하기

1. 〈예시〉 마시다, 타다, 즐기다, 우려내다, 엎지르다, 들다, 맛보다
2. 〈예시〉 시청하다, 보다, 즐기다, 바꾸다, 옮기다, 켜다, 끄다, 녹화하다
3. 〈예시〉 쓰다, 그리다, 깎다, 뾰족하다, 굴러가다, 떨어지다, 빌리다, 지우다
4. 〈예시〉 타다, 내리다, 갈아타다, 놓치다, 기다리다, 출발하다, 도착하다
5. 〈예시〉 덮다, 말리다, 깔다, 펴다, 정돈하다, 개다, 빨다, 널다, 털다
6. 〈예시〉 듣다, 울리다, 발생하다, 낮추다, 내다, 나다, 조절하다
7. 〈예시〉 열다, 닫다, 두드리다, 잠그다, 부딪치다, 기대다, 밀다, 당기다
8. 〈예시〉 나다, 끄다, 타오르다, 사그라들다, 녹이다, 붙다, 진압하다, 피우다
9. 〈예시〉 지나가다, 씹다, 긁다, 핥다, 뛰놀다, 먹다, 뛰어오르다, 움직이다
10. 〈예시〉 들다, 매다, 채우다, 끼우다, 끌다, 꺼내다, 넣다, 잠그다, 열다
11. 〈예시〉 웃다, 지지하다, 이해하다, 함께하다, 놀다, 얘기하다, 돕다

7) 명사 말하기

1. 〈예시〉 초인종, 스위치, 리모컨, 키보드, 몸
2. 〈예시〉 하늘, 바다, 구름, 물감, 눈동자, 꽃, 상어
3. 〈예시〉 서비스, 정보, 제품, 혜택, 교육, 기회, 도움, 지식
4. 〈예시〉 고향, 가족, 연인, 친구, 어린 시절, 학교, 여행지

5. 〈예시〉 시간, 에너지, 자원, 비용, 연료, 돈, 감정, 식량
6. 〈예시〉 머리, 강아지, 고양이, 어깨, 손, 배
7. 〈예시〉 사람, 동물, 동굴, 도착지, 창문, 물가
8. 〈예시〉 의견, 제안, 계획, 입장, 규칙, 협약, 견해

8) 같은 글자로 시작하는 단어 말하기

1. 〈예시〉 공책 - 발전 - 차표
2. 〈예시〉 대파 - 농부 - 커튼
3. 〈예시〉건설 - 냄비 - 토요일
4. 〈예시〉 파란색 - 등본 - 경찰
5. 〈예시〉 피아노 - 참새 - 관습
6. 〈예시〉 민요 - 결정 - 동생
7. 〈예시〉 남이섬 - 편리 - 바지
8. 〈예시〉 이모 - 마구간 - 지금
9. 〈예시〉 박스 - 소식 - 창틀
10. 〈예시〉 교육 - 호수 - 도라지
11. 〈예시〉 안식 - 신분 - 하루 - 기지개
12. 〈예시〉 의사 - 음식 - 고기 - 남산
13. 〈예시〉 호랑이 - 부산 - 대추 - 신사
14. 〈예시〉 교가 - 도라지 - 가지 - 바지락
15. 〈예시〉 회계 - 처가 - 물놀이 - 나팔
16. 〈예시〉 동서 - 경리 - 시간 - 건축
17. 〈예시〉 환경 - 다정 - 버찌 - 손수건
18. 〈예시〉 오리 - 식구 - 준수 - 사기
19. 〈예시〉 근무 - 질서 - 약혼 - 교활

20. 〈예시〉 사진 – 가치관 – 날인 – 축제

9) 같은 글자로 끝나는 단어 말하기

1. 〈예시〉 자손 – 제명 – 제과점
2. 〈예시〉 모피 – 동물 – 도피
3. 〈예시〉 등목 – 철새 – 도끼
4. 〈예시〉 기도 – 암산 – 산호
5. 〈예시〉 고난 – 호두 – 개최지
6. 〈예시〉 가족 – 달력 – 도시
7. 〈예시〉 수성 – 경의 – 가닥
8. 〈예시〉 거름 – 오르막 – 피구
9. 〈예시〉 쭈글쭈글 – 풍경 – 주소
10. 〈예시〉 경례 – 활어회 – 이슬
11. 〈예시〉 신경 – 수발 – 경마 – 자동차
12. 〈예시〉 피자 – 국악 – 개나리 – 형편
13. 〈예시〉 꿀떡 – 이리 – 호칭 – 산문
14. 〈예시〉 국수 – 동시 – 친족 – 보람
15. 〈예시〉 강사 – 우리 – 경건 – 재무
16. 〈예시〉 회생 – 사찰 – 경험 – 보강
17. 〈예시〉 강자 – 수리 – 가스 – 선생님
18. 〈예시〉 대인 – 복사 – 시비 – 간장
19. 〈예시〉 난처 – 대문 – 소속 – 두통
20. 〈예시〉 대장 – 노을 – 글씨 – 농구

3. 의사소통: 이름대기 Ⅱ

Level 01

1) 연관 단어 말하기

1. 〈예시〉 사과: 빨간색, 나무, 비타민, 과일, 동그랗다, 껍질, 아침, 뉴턴
2. 〈예시〉 냉장고: 보관, 시원하다, 얼음, 음식, 주방, 가전제품, 김치
3. 〈예시〉 동전: 위인, 동그랗다, 자판기, 잔돈, 주머니, 무겁다, 저금통, 금속, 수집
4. 〈예시〉 버스: 크다, 정류장, 노선, 승객, 전용차선, 대중교통, 이동, 도시, 기사
5. 〈예시〉 손: 손가락, 장갑, 지문, 따뜻하다, 손재주, 반지, 악수, 박수
6. 〈예시〉 집: 편안함, 가족, 잠, 휴식, 아파트, 대문, 집안일, 부동산
7. 〈예시〉 연필: 종이, 지우개, 흑연, 나무, 필통, 연필깎이, 뾰족하다
8. 〈예시〉 옷: 입다, 계절, 날씨, 패션, 옷장, 디자인, 옷걸이, 쇼핑
9. 〈예시〉 학교: 운동장, 선생님, 교실, 학생, 친구들, 성적표, 공부, 시험
10. 〈예시〉 컵: 마시다, 주스, 물, 빨대, 용량, 유리, 차, 커피, 음료

2) 범주에 맞는 단어 말하기

1. 〈예시〉 감자전, 감자튀김, 감자볶음, 감자빵, 감자수프
2. 〈예시〉 된장, 청국장, 메주, 콩밥, 콩자반, 콩국수, 두부, 콩떡
3. 〈예시〉 김치찌개, 김치전, 김치볶음밥, 김치라면, 김치찜, 두부김치
4. 〈예시〉 책, 신문, 잡지, 교과서, 스케치북, 종이컵, 종이접시, 종이봉투
5. 〈예시〉 집, 울타리, 문, 책상, 책장, 선반, 액자, 장난감

6. 〈예시〉 바지, 치마, 코트, 셔츠, 원피스, 티셔츠, 잠옷, 정장
7. 〈예시〉 운동화, 구두, 부츠, 장화, 하이힐, 샌들, 슬리퍼, 양말
8. 〈예시〉 지하철, 비행기, 버스, 자동차, 배, 스키, 스케이트, 썰매
9. 〈예시〉 삼겹살, 오겹살, 목살, 차돌박이, 등심, 안심, 닭고기, 갈비
10. 〈예시〉 자동차, 기차, 비행기, 여행용 가방, 수레, 킥보드, 자전거, 롤러스케이트, 휠체어

3) 공휴일 · 기념일 말하기

1. 설날
2. 삼일절
3. 석가탄신일
4. 어린이날
5. 어버이날
6. 현충일
7. 제헌절
8. 광복절
9. 추석
10. 국군의 날
11. 개천절
12. 한글날
13. 크리스마스(성탄절)

4) 특정 글자로 끝나는 단어 말하기

1. 〈예시〉 건강, 금강, 구강, 낙동강, 동강, 한강, 만수무강, 철강

2. 〈예시〉 검술, 구술, 기술, 낮술, 논술, 무술, 상술, 심술, 의술, 입술, 주술

3. 〈예시〉 가문, 견문, 관문, 공문, 영문, 이문, 장문, 동대문, 명문, 창문, 폐문

4. 〈예시〉 골탕, 곰탕, 남탕, 냉탕, 맹탕, 사탕, 설탕, 소탕, 여탕, 온탕

5. 〈예시〉 개구리알, 깨알, 날알, 눈알, 모래알, 밀알, 새알, 씨알, 총알

6. 〈예시〉 금강산, 금수강산, 발산, 백두산, 생산, 태산, 파산, 한라산, 암산

7. 〈예시〉 강원도, 농도, 경상도, 독도, 울릉도, 전라도, 제주도, 충청도, 강도

8. 〈예시〉 가사, 간호사, 감사, 검사, 불국사, 사진사, 상사, 인사, 작사, 장사

9. 〈예시〉 가지, 거지, 묘지, 벽지, 습지, 엄지, 여지, 투지, 편지, 평지, 한지

5) 스무고개 질문 만들기

1. 〈예시〉

고양이

1. 동물인가요?
2. 다리가 4개인가요?
3. 털이 있나요?
4. 집에서 키우나요?
5. 반가울 때 꼬리를 흔드나요?
6. 생선을 좋아하나요?

…

2. 〈예시〉

얼룩말

1. 동물인가요?
2. 집에서 키울 수 있나요?
3. 동물원에서 볼 수 있나요?
4. 목이 긴가요?
5. 네 발로 걸어 다니나요?
6. 나무 위에 올라가서 생활하나요?
7. 풀을 먹나요?
8. 몸에 무늬가 있나요?

…

3. 〈예시〉

비행기

1. 사람이 탈 수 있나요?
2. 바퀴가 있나요?
3. 외국에 갈 때 타나요?
4. 국내 여행에서 이용하나요?
5. 여러 사람이 탈 수 있나요?
6. 활주로가 필요한가요?

…

4. 〈예시〉

책

1. 물건인가요?
2. 들고 다닐 수 있나요?
3. 읽을 수 있나요?
4. 종이로 만드나요?
5. 지식이나 재미를 위한 것인가요?
6. 책장에 꽂을 수 있나요?

…

5. 〈예시〉

추석

1. 특별한 날인가요?
2. 전통 명절인가요?
3. 가족들이 많이 모이나요?
4. 떡국을 먹나요?
5. 한복을 입나요?
6. 송편을 빚나요?

…

6. 〈예시〉

소방관

1. 직업인가요?
2. 특정 시험에 합격해야 하나요?
3. 체력이 좋아야 하나요?
4. 범인을 잡아야 하나요?
5. 사람들을 구하나요?
6. 수술을 하나요?
7. 불이 난 곳에 출동을 하나요?

…

7. 〈예시〉

바지

1. 도구인가요?
2. 입고 벗을 수 있나요?
3. 남자도 입을 수 있나요?
4. 상의인가요?
5. 벨트를 착용할 수 있나요?

…

8. 〈예시〉

편의점

1. 장소인가요?
2. 실내인가요?
3. 물건을 파는 곳인가요?
4. 먹을 것을 파나요?
5. 마실 것을 파나요?
6. 약을 파나요?
7. 24시간 운영하나요?

…

9. 〈예시〉

텔레비전

1. 물건인가요?
2. 주머니에 넣을 수 있나요?
3. 전기를 사용하나요?
4. 항상 켜 두나요?
5. 매우 가벼운가요?
6. 여름에만 사용하나요?
7. 드라마를 볼 수 있나요?
8. 뉴스를 볼 수 있나요?

…

10. 〈예시〉

병원

1. 장소인가요?
2. 휴식을 취하기 위해 가나요?
3. 머리를 자르기 위해 가나요?
4. 아플 때 가나요?
5. 진찰을 받을 수 있나요?
6. 주사를 맞을 수 있나요?

…

11. 〈예시〉

옥수수

1. 먹는 것인가요?
2. 껍질을 칼로 깎아서 먹나요?
3. 여름에 먹나요?
4. 불에 구워서 먹나요?
5. 쪄서 먹을 수 있나요?
6. 알이 많이 박혀 있나요?

…

12. 〈예시〉

오징어

1. 생물인가요?
2. 스스로 움직이나요?
3. 물속에서 사나요?
4. 육지에서 살 수 있나요?
5. 지느러미가 있나요?
6. 먹물을 쏠 수 있나요?

…

6) 스무고개 질문에 답하기

1. 햄버거
2. 코끼리
3. 연필
4. 안경
5. 꿀벌
6. 불가사리
7. 에어컨
8. 비행기
9. 거울
10. 젓가락
11. 냉장고
12. 화분

Level 02

4. 의사소통: 이름대기 Ⅱ

1) 연관 단어 말하기

1. 〈예시〉 믿음: 신뢰, 신앙, 친구, 양심, 보증, 배신, 교회
2. 〈예시〉 시련: 극복, 어려움, 곤란, 과거, 성장, 성숙
3. 〈예시〉 인내: 마라톤, 화, 수련, 쓰다, 참다, 명상
4. 〈예시〉 열정: 동력, 일, 동기, 열중, 쏟다, 불타다
5. 〈예시〉 예의: 연장자, 존경, 공경, 행동, 말투, 무례, 도덕
6. 〈예시〉 행운: 네잎클로버, 기회, 복권, 여신, 숫자 7, 빌다
7. 〈예시〉 호기심: 아이, 질문, 관심, 흥미, 미지, 새롭다, 창의력
8. 〈예시〉 자유: 억압, 구속, 새, 혁명, 의지, 언론, 날다, 표현
9. 〈예시〉 격려: 응원, 칭찬, 박수, 도움, 지지, 고무시키다
10. 〈예시〉 희망: 내일, 미래, 새롭다, 꿈, 젊은이, 파랑새, 절망

2) 범주에 맞는 단어 말하기

1. 〈예시〉 텔레비전, 냉장고, 선풍기, 에어컨, 전자레인지, 안마기, 전등
2. 〈예시〉 옷, 방석, 이불, 커튼, 신발, 가방, 베개, 손수건, 양말
3. 〈예시〉 가위, 칼, 톱, 면도기, 손톱깎이, 잔디깎이
4. 〈예시〉 유리잔, 창문, 거울, 플라스틱 컵, 휴대폰 화면, 비닐봉지
5. 〈예시〉 태양, 별, 달, 인공위성, 비행기, 구름, 새, 헬리콥터
6. 〈예시〉 설탕, 사탕, 달고나, 과일, 케이크, 아이스크림, 젤리

7. 〈예시〉 연필, 볼펜, 색연필, 만년필, 샤프, 분필
8. 〈예시〉 축구, 농구, 배구, 야구, 탁구, 골프, 당구, 테니스, 볼링, 게이트볼
9. 〈예시〉 책, 신문, 잡지, 소설, 동화책, 편지, 감정, 마음, 그림책
10. 〈예시〉 불빛, 별, 눈동자, 햇빛, 아이디어, 보석, 눈빛

3) 공휴일・기념일 말하기

1. 크리스마스(성탄절)
2. 한글날
3. 광복절
4. 동지
5. 생일
6. 석가탄신일
7. 어린이날
8. 어버이날
9. 현충일
10. 추석
11. 복날
12. 졸업식
13. 6・25전쟁일
14. 스승의 날
15. 삼일절
16. 개천절

4) 특정 글자로 끝나는 단어 말하기

1. 〈예시〉 걸상, 겸상, 단상, 동상, 막상, 만상, 망상, 밥상, 병상, 보상, 불상, 비상, 사상, 상상, 세상, 색상, 숭상, 실상, 온상, 침상, 환상

2. 〈예시〉 간선, 개선, 경선, 곡선, 국선, 나선, 능선, 단선, 당선, 대선, 무선, 배선, 복선, 사선, 수선, 열선, 우선, 재선, 전선, 지선, 초선, 친선

3. 〈예시〉 경일, 과일, 기일, 내일, 당일, 동일, 만일, 매일, 명일, 백일, 베일, 시일, 유일, 잔일, 전일, 제일, 택일

4. 〈예시〉 갈대, 고대, 공대, 군대, 과대, 성대, 세대, 순대, 안대, 연대, 응대, 인대, 장대, 적대, 존대, 중대, 침대, 포대, 홀대

5. 〈예시〉 가미, 개미, 거미, 구미, 기미, 더미, 덜미, 도미, 매미, 멀미, 묘미, 백미, 북미, 어미, 이미, 장미, 취미, 풍미, 현미, 호미, 홍미

6. 〈예시〉 구박, 금박, 긴박, 대박, 독박, 면박, 반박, 선박, 수박, 숙박, 외박, 우박, 쪽박, 천박, 촉박, 타박, 핍박, 함박, 호박

7. 〈예시〉 감가, 강가, 고가, 국가, 군가, 아가, 여가, 요가, 원가, 작가, 정가, 진가, 창가, 첨가, 초가, 평가, 한가, 호가, 화가, 휴가

8. 〈예시〉 간기, 갈기, 감기, 건기, 경기, 묘기, 무기, 반기, 변기, 분기, 사기, 수기, 슬기, 토기, 투기, 향기, 호기, 활기

9. 〈예시〉 가장, 간장, 개장, 거장, 반장, 방장, 별장, 위장, 직장, 천장, 철장, 춘장, 출장, 퇴장, 파장, 포장, 화장, 훈장

5) 스무고개 질문 만들기

1. 〈예시〉

체중계

1. 물건인가요?
2. 평소에 가지고 다니나요?
3. 사람이 들 수 있나요?
4. 숫자가 있나요?
5. 길이를 잴 수 있나요?
6. 무게를 잴 수 있나요?
7. 길에서 사용하나요?
8. 건강 관리를 위해 사용하나요?

…

2. 〈예시〉

공원

1. 장소인가요?
2. 실내인가요?
3. 여기에서 사람들이 운동을 하나요?
4. 학교 안에 있나요?
5. 나무가 많은가요?
6. 자전거를 탈 수 있나요?
7. 벤치가 있나요?
8. 산책할 수 있나요?

…

3. 〈예시〉

잠수함

1. 사람이 탈 수 있나요?
2. 연료를 사용하나요?
3. 바퀴가 있나요?
4. 하늘을 날 수 있나요?
5. 물에 뜨나요?
6. 화물을 싣고 다니나요?
7. 물에 가라앉아도 움직일 수 있나요?

…

4. 〈예시〉

부산

1. 장소인가요?
2. 지역 이름인가요?
3. 우리나라 수도인가요?
4. 섬인가요?
5. 공항이 있나요?
6. 지하철이 있나요?
7. 경상남도에 있나요?
8. 해운대가 유명한가요?

…

5. 〈예시〉

북두칠성

1. 물건인가요?
2. 장소인가요?
3. 사람이 볼 수 있나요?
4. 하늘에 떠 있나요?
5. 스스로 빛이 나나요?
6. 낮에 볼 수 있나요?
7. 여러 개의 별이 모여 만들어지나요?
8. 사계절 내내 볼 수 있나요?

…

6. 〈예시〉

성당

1. 장소인가요?
2. 건축물인가요?
3. 사람이 거주하기 위해 만들어졌나요?
4. 물건을 전시하기 위해 만들어졌나요?
5. 일을 하기 위해 만들어졌나요?
6. 종교와 관련 있나요?
7. 절을 하나요?
8. 미사를 드리나요?

…

7. 〈예시〉

세종대왕

1. 장소인가요?
2. 사람인가요?
3. 현재 살아 있나요?
4. 남자인가요?
5. 조선 시대에 살았나요?
6. 왕인가요?
7. 한글을 만들었나요?

…

8. 〈예시〉

신문

1. 물건인가요?
2. 사람들이 가지고 다닐 수 있나요?
3. 종이로 만들어졌나요?
4. 게임을 하기 위해 만들어졌나요?
5. 주기적으로 발행되나요?
6. 한 가지 이야기만 다루나요?
7. 최신 소식을 알려 주나요?

…

9. 〈예시〉

망고

1. 먹을 수 있나요?
2. 단맛이 나나요?
3. 신맛이 나나요?
4. 과일인가요?
5. 빨간색인가요?
6. 노란색인가요?
7. 껍질이 있나요?
8. 한국의 전통 음식인가요?

…

10. 〈예시〉

공무원

1. 사람인가요?
2. 유명한 인물인가요?
3. 직업인가요?
4. 특정 시험에 통과해야 하나요?
5. 공공 업무를 맡나요?
6. 학생들을 가르치나요?
7. 세금으로 급여가 지급되나요?

…

11. 〈예시〉

장화

1. 물건인가요?
2. 몸에 착용할 수 있나요?
3. 손에 끼나요?
4. 얼굴이나 머리에 착용하나요?
5. 실내에서 신고 다니나요?
6. 스포츠를 즐기기 위한 목적으로 신나요?
7. 천으로 만드나요?
8. 비가 오면 신고 다니나요?

…

12. 〈예시〉

개나리

1. 살아 있나요?
2. 스스로 움직이나요?
3. 물속에서 사나요?
4. 사계절 내내 볼 수 있나요?
5. 봄에만 볼 수 있나요?
6. 노란색인가요?
7. 우리나라 국화인가요?

…

6) 스무고개 질문에 답하기

1. 창문
2. 비빔밥
3. 옷걸이
4. 독수리
5. 제주도
6. 앵커(아나운서)
7. 지하철
8. 양궁
9. 장미
10. 우유
11. 카페
12. 베토벤

Level 01

5. 의사소통: 어휘 – 의미 추론

1) 같은 의미 범주의 단어 말하기

1. 과일 - 교통수단 〈예시〉

과일		교통수단
사과	–	기차
배	–	버스
복숭아	–	비행기
감	–	택시
바나나	–	자전거
키위	–	배

2. 채소 - 직업 〈예시〉

채소		직업
미나리	–	간호사
시금치	–	의사
오이	–	변호사
호박	–	교사
부추	–	변리사
가지	–	회계사

3. 곡식 - 가축 〈예시〉

곡식		가축
조	–	염소
수수	–	돼지
팥	–	양
콩	–	말
보리	–	닭
쌀	–	오리

4. 색깔 - 모양 〈예시〉

색깔		모양
빨강	–	동그라미
파랑	–	타원
검정	–	세모
노랑	–	네모
분홍	–	사다리꼴
초록	–	마름모

5. 음식 – 가구 〈예시〉

김치	–	침대
피자	–	의자
불고기	–	책장
수제비	–	서랍장
잔치국수	–	옷장
핫도그	–	화장대

6. 가전제품 – 학용품 〈예시〉

냉장고	–	공책
세탁기	–	연필
텔레비전	–	풀
식기세척기	–	가위
선풍기	–	색종이
에어컨	–	스케치북

7. 꽃 – 곤충 〈예시〉

개나리	–	잠자리
진달래	–	개미
목련	–	메뚜기
매화	–	무당벌레
산수유	–	매미
장미	–	벌

8. 바다 생물 – 의류 〈예시〉

고래	–	바지
상어	–	치마
해파리	–	원피스
불가사리	–	블라우스
조개	–	자켓
낙지	–	조끼

9. 친척 – 도시 〈예시〉

할머니	–	서울
할아버지	–	부산
삼촌	–	대구
고모	–	수원
이모	–	광주
숙모	–	대전

10. 가게 – 주방 기구 〈예시〉

꽃가게	–	도마
과일가게	–	칼
생선가게	–	집게
옷가게	–	젓가락
신발가게	–	냄비
빵가게	–	프라이팬

2) 같은 글자 범주의 단어 말하기

1. 가 - 소 〈예시〉

가방	–	소리
가위	–	소문
가수	–	소식

2. 노 - 정 〈예시〉

노래	–	정리
노인	–	정돈
노파	–	정수기

3. 두 - 초 〈예시〉

두부	–	초인종
두루미	–	초가집
두루마기	–	초록

4. 라 - 서 〈예시〉

라면	–	서면
라일락	–	서랍
라이터	–	서가

5. 아 - 주 〈예시〉

아이	–	주머니
아빠	–	주인공
아주머니	–	주파수

6. 모 - 구 〈예시〉

모기	–	구리
모래	–	구멍
모자	–	구원

7. 부 - 오 〈예시〉

부자	–	오리
부리	–	오이
부식	–	오산

8. 수 - 지 〈예시〉

수첩	–	지우개
수리	–	지면
수고	–	지하철

9. 자 - 무 〈예시〉

자동차	–	무지개
자리	–	무대
자연	–	무게

10. 코 - 이 〈예시〉

코끼리	–	이불
코알라	–	이자
코인	–	이웃

11. 하 - 거 〈예시〉

하늘	–	거미
하마	–	거울
하나	–	거짓말

12. 포 - 다 〈예시〉

포도	–	다리
포수	–	다리미
포장	–	다수결

13. 호 - 타 〈예시〉

호강	–	타조
호기심	–	타인
호루라기	–	타자

14. 추 - 만 〈예시〉

추석	–	만석
추가	–	만장일치
추천	–	만세

15. 교 - 여 〈예시〉

교직	–	여분
교관	–	여자
교환	–	여론

3) 같은 의미-글자 범주의 단어 말하기

1. 〈예시〉 과일 - 손: 사과 - 손님

2. 〈예시〉 가전제품 - 치: 냉장고 - 치아

3. 〈예시〉 주방 기구 - 사: 도마 - 사위

4. 〈예시〉 채소 - 충: 오이 - 충성

5. 〈예시〉 생선 - 마: 조기 - 마을

6. 〈예시〉 곤충 - 안: 개미 - 안경

7. 〈예시〉 꽃 - 꾸: 장미 - 꾸러기

8. 〈예시〉 나무 - 전: 소나무 - 전갈

9. 〈예시〉 의류 - 강: 바지 - 강산

10. 〈예시〉 해조류 - 선: 미역 - 선물

4) 차이점 찾기

1. 바이올린 – 가야금 – 장구 – 첼로: 장구는 타악기, 나머지는 현악기
2. 코끼리 – 사자 – 토끼 – 얼룩말: 사자는 육식동물, 나머지는 초식동물
3. 오렌지 – 공 – 지구 – 주사위: 주사위는 정육면체, 나머지는 구
4. 주스 – 우유 – 딸기 – 물: 딸기는 과일, 나머지는 음료
5. 개나리 – 코스모스 – 바나나 – 진달래: 바나나는 과일, 나머지는 꽃
6. 소금 – 간장 – 식초 – 된장: 식초는 신맛, 나머지는 짠맛
7. 변기 – 휴지 – 가위 – 세면대: 가위를 제외하고는 화장실에 꼭 필요한 것
8. 냄비 – 숟가락 – 젓가락 – 포크: 냄비는 조리 기구, 나머지는 음식을 먹을 때 사용하는 도구
9. 미역 – 다시마 – 오이 – 김: 오이를 제외하고 모두 해조류
10. 장갑 – 난로 – 부채 – 목도리: 부채를 제외한 나머지는 추운 날씨에 사용
11. 베이징 – 뉴욕 – 도쿄 – 파리: 뉴욕을 제외한 나머지는 특정 국가의 수도
12. 시 – 소설 – 기사 – 수필: 기사를 제외한 나머지는 문학 작품
13. 스키 – 쇼트트랙 – 봅슬레이 – 양궁: 양궁을 제외한 나머지는 타는 기구가 필요한 겨울 스포츠

5) 추론하기

1. 〈예시〉 강아지와 고양이: 둘 다 동물/강아지와 고양이는 울음소리가 다름
2. 〈예시〉 사과와 딸기: 둘 다 과일/사과는 껍질을 벗겨 먹고 딸기는 그냥 먹음
3. 〈예시〉 여자와 남자: 둘 다 사람/여자는 아이를 낳음
4. 〈예시〉 학생과 교사: 둘 다 학교에 있음/교사는 가르치고 학생은 배움
5. 〈예시〉 변호사와 검사: 둘 다 재판에 필요한 사람/변호사는 피고인을 변호, 검사는 피고인을 기소함
6. 〈예시〉 자전거와 킥보드: 둘 다 이동 수단/킥보드는 앉아서 탈 수 없음

7. 〈예시〉 기차와 버스: 둘 다 교통 수단/버스보다 기차에 탈 수 있는 사람이 많음
8. 〈예시〉 감자와 고구마: 둘 다 뿌리를 먹음/고구마가 감자보다 단맛이 강함
9. 〈예시〉 선풍기와 에어컨: 둘 다 냉방 기구/에어컨의 전기료가 더 비싸고 성능이 좋음
10. 〈예시〉 가방과 상자: 둘 다 물건을 담을 수 있음/상자는 종이로 만들고 가방은 주로 천이나 가죽으로 만듦

6) 이름-얼굴 연결하기

	이름	직업	가족
1	서민준	바리스타	-
2	조성아	영양사	-
3	양석주	경비원	-
4	김선자	한의사	-
5	안정아	편의점 아르바이트생	-
6	박도준	영화배우	-
7	민은영	미용사	딸 하나, 아들 하나
8	황은주	디자이너	무남독녀
9	남기주	언어재활사	사남매 중 둘째
10	김문자	간호조무사	팔남매 중 막내
11	조영만	떡집 운영	아들 둘
12	송영순	횟집 운영	삼남매 중 첫째

6. 의사소통: 어휘-의미 추론

Level 02

1) 같은 의미 범주의 단어 말하기

1. 네발짐승 - 채소 - 직업 〈예시〉

네발짐승	채소	직업
토끼	오이	화가
양	상추	교수
사슴	깻잎	부동산 중개인
노루	쑥갓	미용사
코끼리	미나리	요리사
말	시금치	승무원

2. 곤충 - 날씨 - 나물 〈예시〉

곤충	날씨	나물
개미	흐림	고사리
모기	맑음	시금치
파리	비	미나리
무당벌레	안개	쑥부쟁이
반딧불이	우박	도라지
나비	서리	숙주나물

3. 해산물 - 종교 - 아시아 국가 〈예시〉

문어	–	불교	–	태국
낙지	–	기독교	–	베트남
조개	–	이슬람교	–	중국
해삼	–	천주교	–	일본
멍게	–	힌두교	–	미얀마
쭈꾸미	–	성공회	–	라오스

4. 자동차 - 장신구 - 여름 과일 〈예시〉

버스	–	팔찌	–	수박
트럭	–	목걸이	–	포도
택시	–	반지	–	자두
승용차	–	귀걸이	–	참외
승합차	–	발찌	–	복숭아
견인차	–	시계	–	천도복숭아

5. 색깔 - 조류 - 가전제품 〈예시〉

검정	–	기러기	–	냉장고
빨강	–	재비	–	세탁기
노랑	–	두루미	–	선풍기
파랑	–	참새	–	텔레비전
주황	–	비둘기	–	믹서기
연두	–	꿩	–	청소기

6. 가구 - 도시 - 의류 〈예시〉

가구	도시	의류
의자	천안	점퍼
침대	세종	치마
소파	구미	원피스
책장	전주	셔츠
식탁	순천	블라우스
장롱	여수	반바지

7. 바다 생물 - 음료 - 스포츠 〈예시〉

바다 생물	음료	스포츠
고래	주스	야구
상어	식혜	축구
말미잘	커피	배구
해삼	녹차	농구
갈치	요구르트	수영
조개	수정과	양궁

8. 필기구 - 해산물 - 국경일 · 기념일 〈예시〉

필기구	해산물	국경일 · 기념일
볼펜	새우	현충일
연필	게	삼일절
만년필	홍합	제헌절
사인펜	조개	광복절
네임펜	가재	한글날
색연필	가리비	개천절

9. 악기 - 연장 - 교육 기관 〈예시〉

바이올린	–	망치	–	유치원
비올라	–	도끼	–	초등학교
첼로	–	장도리	–	중학교
피리	–	드라이버	–	고등학교
북	–	송곳	–	대학교
장구	–	톱	–	대학원

10. 전통 음식 - 요일 - 자연재해 〈예시〉

김치	–	월요일	–	가뭄
청국장	–	화요일	–	홍수
식혜	–	수요일	–	지진
떡	–	목요일	–	화산 폭발
비빔밥	–	금요일	–	태풍
불고기	–	토요일	–	쓰나미

2) 같은 글자 범주의 단어 말하기

1. 우 - 다 - 지 〈예시〉

우리	–	다정	–	지구
우연	–	다감	–	지정
우선	–	다산	–	지진

2. 부 - 호 - 준 〈예시〉

부리	–	호랑이	–	준비
부서	–	호박	–	준거
부지	–	호탕	–	준수

3. 파 - 문 - 고 〈예시〉

파도	–	문학	–	고민
파리	–	문고리	–	고아
파고	–	문풍지	–	고충

4. 해 - 과 - 세

해결	–	과일	–	세수
해산	–	과세	–	세척
해충	–	과체중	–	세심

5. 단 - 크 - 저 〈예시〉

단추	–	크림	–	저금
단아	–	크레파스	–	저축
단정	–	크기	–	저항

6. 도 - 미 - 삼 〈예시〉

도마	–	미로	–	삼촌
도리	–	미래	–	삼거리
도중	–	미각	–	삼총사

7. 울 - 벌 - 대 〈예시〉

울보	–	벌레	–	대범
울상	–	벌충	–	대나무
울산	–	벌초	–	대안

8. 운 - 성 - 회 〈예시〉

운수	–	성공	–	회사
운세	–	성수기	–	회수
운명	–	성찰	–	회신

9. 공 - 머 - 용 〈예시〉

공부	–	머리	–	용기
공주	–	머루	–	용서
공사	–	머슴	–	용맹

10. 토 - 변 - 황 〈예시〉

토기	–	변기	–	황무지
토요일	–	변압기	–	황금
토끼	–	변주	–	황소

11. 최 - 코 - 종 〈예시〉

최선	–	코주부	–	종달새
최고	–	코뚜레	–	종강
최면	–	코미디	–	종지

3) 같은 의미 – 글자 범주의 단어 말하기

1. 〈예시〉 서 – 신체 부위 – 아: 서울 – 머리 – 아저씨
2. 〈예시〉 징 – 요일 – 고: 징벌 – 토요일 – 고민
3. 〈예시〉 어 – 채소 – 진: 어른 – 쑥갓 – 진실
4. 〈예시〉 건 – 동물 – 스: 건축 – 말 – 스스로
5. 〈예시〉 한 – 악기 – 그: 한국 – 피리 – 그림
6. 〈예시〉 너 – 음료 – 터: 너울 – 커피 – 터널
7. 〈예시〉 경 – 교통수단 – 소: 경기 – 버스 – 소문
8. 〈예시〉 만 – 나무 – 처: 만화 – 대나무 – 처음
9. 〈예시〉 버 – 가구 – 코: 버선 – 옷장 – 코알라
10. 〈예시〉 로 – 연장 – 동: 로봇 – 망치 – 동생

4) 차이점 찾기

1. 깃발 – 고래 – 나비 – 구름: 나비만 /ㄱ/으로 시작하지 않음
2. 삼일절 – 광복절 – 추석 – 제헌절: 추석은 명절, 나머지는 국경일
3. 오이 – 호박 – 가지 – 미나리: 미나리만 잎채소, 나머지는 열매
4. 도로 – 귀로 – 하나 – 세로: 하나만 /로/로 끝나지 않음
5. 기러기 – 개구리 – 제비 – 참새: 개구리만 날지 못함
6. 분노 – 행복 – 희열 – 기쁨: 분노만 다른 종류의 감정
7. 지구 – 북두칠성 – 목성 – 화성: 북두칠성을 제외하고 모두 태양 주위를 도는 행성들
8. 안경 – 돋보기 – 망원경 – 선글라스: 선글라스는 해를 가리기 위한 것이나, 나머지는 잘 보기 위한 도구
9. 소리 – 조리 – 서리 – 수리: 조리만 /ㅅ/이 들어가지 않음

5) 추론하기

1. 강아지, 고양이, 염소: 모두 동물/염소만 반려동물이 아님
2. 사과, 딸기, 수박: 모두 과일/딸기는 껍질이 없음
3. 기차, 오토바이, 자전거: 모두 교통수단/기차는 많은 인원이 탈 수 있음
4. 양말, 바지, 스타킹: 모두 의류/바지는 하체에 입는 것, 나머지는 발에 신는 것
5. 연필, 볼펜, 만년필: 모두 필기구/연필만 지우개로 지울 수 있음
6. 미나리, 당근, 시금치: 모두 채소/당근만 색깔이 다름
7. 비행기, 나비, 잠자리: 모두 날 수 있음/비행기는 사람을 태울 수 있음
8. 침대, 베개, 이불: 모두 침구/베개는 크기가 작음
9. 선풍기, 부채, 에어컨: 모두 냉방에 필요한 것/부채는 전기를 소모하지 않음
10. 휴대폰, 편지, 전보: 모두 통신수단/휴대폰은 소식을 전하는 것 외에 다양한 기능이 있음

6) 이름 - 얼굴 연결하기

	이름	가족	직업	취미
1	조경무	아버지, 어머니	대학생	독서
2	에이미	딸	학생	유튜브 보며 춤추기
3	고사라	아들 둘	중식 요리사	자전거 타기
4	응언	시어머니, 남편	가정주부	한국 요리 배우기
5	전진희	아들 하나, 딸 둘	은행원	우표나 동전 수집
6	최한수	고양이	목사	없음
7	길은자	삼남매	전업주부	옥상 정원 가꾸기
8	김근수	아내	부동산 중개사	바둑
9	박도준	쌍둥이 아들 둘	인테리어 사업가	조기 축구
10	공미선	강아지 두 마리	상담사	가죽 공예
11	채은옥	남편, 자식들	공기업 퇴직	유화 그리기
12	김숙자	아들, 손자	피아노 선생님	피아노 연주

Level 01

7. 의사소통: 표현

1) 단어 골라 문장 만들기

1. 〈예시〉 **창문**을 열자 길 건너 **빌딩**이 보였다.
2. 〈예시〉 **손잡이**가 달린 **가방**을 샀다.
3. 〈예시〉 **아령**을 들었더니 주머니에서 **지폐**가 떨어졌다.
4. 〈예시〉 **손수건**을 꺼내 **눈물**을 닦았다.
5. 〈예시〉 **달력**을 보니 오늘이 네 **생일**이구나.
6. 〈예시〉 **가위**로 **머리카락**을 싹둑 잘랐다.
7. 〈예시〉 **부엉이**가 **밤**에 우나요?
8. 〈예시〉 **어른**에게 자리를 **양보**하는 예의 바른 학생이 되자.
9. 〈예시〉 **방석**이 **하나** 모자랍니다.

2) ㄱㄴㄷ 순으로 문장 만들기

1. 〈예시〉 **목**이 아파서 **요가** 수업에 **출석**하지 못했다.
2. 〈예시〉 **가족**이랑 **치킨**을 먹으며 **텔레비전**을 보았다.
3. 〈예시〉 **선거**에 대한 **여론 조사** **전화**를 받자 바로 끊어 버렸다.
4. 〈예시〉 **만들기** **숙제**를 방에 두고 그냥 **학교**에 갔다.
5. 〈예시〉 **대회**의 **사회**는 **어머니**가 맡았다.
6. 〈예시〉 **마당**에 **벌레**가 있다고 **소리**를 질렀다.
7. 〈예시〉 **밥**을 많이 먹었다고 **어머니**가 **칭찬**해 주셨다.

8. 〈예시〉 **도서관**에 **버스**를 타고 가서 **책**을 반납했다.
9. 〈예시〉 **누나**는 **문**이 잠긴 **화장실** 앞에 서 있었다.

3) 특징 말하기

특징

1. 〈예시〉 애기똥풀: 아기 똥처럼 꽃이 노랗다.
2. 〈예시〉 제비꽃: 키가 작고 보라색이다.
3. 〈예시〉 엉겅퀴: 보라색 꽃에 가시 같은 것이 많이 나 있다.
4. 〈예시〉 맥문동: 보라색 꽃이 포도송이처럼 주렁주렁 달려 있다.
5. 〈예시〉 해바라기: 꽃이 크고 동그란 모양에 꽃잎이 빙 돌아가며 달려 있다.
6. 〈예시〉 접시꽃: 납작한 접시처럼 생긴 꽃이 여러 개 달려 있다.
7. 〈예시〉 맨드라미: 꽃이 붉은 닭벼슬처럼 생겼다.
8. 〈예시〉 능소화: 주황색 꽃이 늘어지듯 달려 있다.
9. 〈예시〉 방울꽃: 방울 모양의 조그만 흰 꽃이 여러 개 달려 있다.

이름

1. 애기똥풀
2. 제비꽃
3. 엉겅퀴
4. 맥문동
5. 해바라기
6. 접시꽃
7. 맨드라미
8. 능소화
9. 방울꽃

4) 대조하여 말하기

1. 무궁화씨는 털이 있고 먹을 수 없지만, 해바라기씨는 매끈하며 먹을 수 있다.
2. 올빼미는 머리가 동그랗고, 부엉이는 머리에 삐죽 솟은 부분이 있다.
3. 체크카드는 은행 계좌의 잔액 내에서 사용하는 것이고, 신용카드는 결제한 후에 돈을 갚는 것이다.
4. 모시는 모시풀 껍질의 섬유로 짠 옷감으로, 원래 담록색이나 표백하여 하얗게 만든다. 질감이 깔깔하고 촉감이 차가워 여름 옷감으로 사용한다.

   삼베는 삼실로 짠 옷감으로, 표백하면 상하기 때문에 특유의 누런 색상을 그대로 사용한다. 뻣뻣하고 신축성이 적다. 질기고 물에 강해 카펫이나 침구류에 사용한다.
5. 암꽃게는 배딱지가 둥그스름하고, 수꽃게는 뾰족하다.
6. 진달래는 먹을 수 있지만, 철쭉은 독성이 있어 먹을 수 없다. 진달래는 4월에 꽃이 먼저 피고 꽃이 지면서 잎이 난다. 철쭉은 5월에 꽃과 잎이 같이 나며 꽃 가운데 반점이 있다.
7. 대하의 꼬리는 녹색, 흰다리새우는 붉은색이며, 대하의 다리는 붉은 색이고 흰다리새우는 흰색이다. 대하는 수염이 몸통의 2~3배 길이이고 흰다리새우의 수염은 몸통보다 짧다. 자연산 대하는 잡힌 지 수분 만에 죽는다. 수족관에 살아 있는 것은 흰다리새우이다.

Level 02

8. 의사소통: 표현

1) 단어 골라 문장 만들기

1. 〈예시〉 **말**을 타다가 **바지**가 찢어졌는데 다행히 **바늘**과 실이 있어서 꿰매었다.
2. 〈예시〉 **신발**이 낡아서 **쓰레기통**에 버리고 **백화점**에 가서 새로 샀다.
3. 〈예시〉 출근길에 **지하철**에서 **발**을 밟혀서 **화**가 났다.
4. 〈예시〉 **막걸리** 안주로 **부침개**를 먹을 것인가, **도토리묵**을 먹을 것인가?
5. 〈예시〉 **주전자**에 **물**이 끓면 **가스레인지** 불을 꺼라.
6. 〈예시〉 **잠수함**을 타고 **바다**에 들어가는 **꿈**을 꾸었다.
7. 〈예시〉 **행주**로 **그릇**을 닦아 **찬장**에 넣었다.
8. 〈예시〉 **미국**에 있는 **친구**에게 **편지**를 보냈다.
9. 〈예시〉 **아침**에 **카페**에 들러 **커피**를 한 잔 샀다.

2) ㄱㄴㄷ 순으로 문장 만들기

1. 〈예시〉 **동네** 한 바퀴를 돌고도 **시간**이 남아 **영화관**에 갔다.
2. 〈예시〉 **병원**을 들러 **약국**에 가서 보니 **처방전**이 없어 난감했다.
3. 〈예시〉 **고양이** **목**에 누가 **방울**을 달 것인가?
4. 〈예시〉 **기사**가 **수리**할 **에어컨**을 분해했다.
5. 〈예시〉 **담배**를 **미성년자**에게 파는 **편의점**은 신고해야 한다.
6. 〈예시〉 **국내** **스키장** 중 **연휴**에 갈 만한 곳을 **추천**해 주세요.
7. 〈예시〉 **내년** **어머니**의 **팔순** 잔치를 **호텔**에서 하려고 합니다.

8. 〈예시〉 **구관**이 **명관**이라는 **선생님** 말씀이 **역시** 맞네요.

3) 특징 말하기

1. 태양: 태양계의 중심에 있으며 빛과 열을 준다.
2. 수성: 태양계에서 가장 작은 행성으로, 태양과 가장 가까이 위치한다. 위성이 없고 암석으로 이루어져 있다.
3. 금성: 태양계에서 가장 뜨거운 행성으로, 태양으로부터 두 번째에 위치한다. 위성이 없고 암석으로 이루어져 있다.
4. 지구: 태양으로부터 세 번째에 위치하며 생명체가 살고 있다. '달'이라는 위성을 1개 갖고 있고 암석으로 이루어져 있다.
5. 화성: 태양계의 네 번째 행성이며 붉은색을 띤다. 암석으로 이루어져 있으며 2개의 위성이 주위를 돈다.
6. 목성: 태양계의 다섯 번째에 위치하며 기체로 이루어져 있다. 태양계에서 가장 크고 가장 많은 위성을 갖고 있다.
7. 토성: 가스로 이루어진 태양계의 여섯 번째 행성이다. 50개 이상의 위성이 주위를 돌고 있다.
8. 천왕성: 태양으로부터 일곱 번째에 위치하며 거대한 얼음 행성이다. 27개의 위성이 주위를 돌고 있고 자전축이 약 98도 기울어져 있다.
9. 해왕성: 태양으로부터 여덟 번째에 위치하며 대형가스로 이루어져 있다. 태양계에서 가장 추운 행성으로 13개의 위성을 가지고 있다.
10. 달: 27일 주기로 지구를 공전하는 위성이다.
11. 명왕성: 태양계에 속하지 않는 왜성이다. 카이퍼 띠에 위치한다.

4) 대조하여 말하기

1. **보청기**

- 경도부터 고도 난청까지 청력을 개선시킬 수 있다.
- 수술 없이 사용한다.
- 난청 정도에 맞게 소리를 증폭시킨다.

인공와우

- 고심도 난청의 청력을 개선시킬 수 있다.
- 외과적 수술이 필요하다.
- 망가진 청각 세포의 기능을 대체한다.

2. 남극이 북극보다 더 춥다. 남극에는 펭귄이 살고, 북극에는 북극곰이 산다. 북극 근처에는 사람(에스키모)도 살 수 있다.

3. 수달과 해달은 모두 포유류로 물속에 산다. 생김새가 비슷하기는 하나, 수달은 코가 둥글고 해달은 코가 각진 모양이다. 수달은 강에서 살며 물고기를 손으로 잡아먹지만, 해달은 바다에서 살며 조개를 배 위에 올려놓고 돌로 조개를 깨서 먹는다. 수달은 머리를 내놓고 배가 아래쪽으로 가게 하여 물에 뜨지만, 해달은 배영하듯 배를 위쪽으로 하여 헤엄친다.

4. 차례는 명절 아침에 돌아가신 모든 조상님을 위한 의식으로, 떡국, 송편 등 명절 음식을 함께 올린다. 제사는 돌아가신 조상님을 위하여 돌아가신 날 밤에 지낸다. 여러 제사 음식들을 함께 차린다.

5. 전문의: 병원 이름 옆에 진료 과목을 적는다.

비전문의: 병원 이름과 진료 과목 사이에 '○○ 의원/진료 과목'이라는 글자를 적는다.

6. **동해**

- 절벽이 많고 수심이 깊으며 파도가 강하다.
- 해안선이 단조롭다.
- 모래 해안이 발달하여 해수욕장이 많다.

서해

- 갯벌이 있고 수심이 얕다.
- 밀물과 썰물의 차가 크다.
- 해안선이 복잡하다.

남해

- 섬이 많고 양식업이 발달했다.

7. **아쟁**

- 8줄
- 활대를 사용하여 받침대 위에 올려놓고 연주한다.

가야금

- 12줄
- 왼손가락으로 오른쪽 무릎 위에 얹어 놓고 연주한다.
- 음색이 맑고 여성적이다.

거문고

- 6줄
- 나무젓가락처럼 생긴 술대를 사용하여 오른발에 받쳐 놓고 비스듬히 세워 연주한다.
- 음색이 무겁고 남성적이다.

8. **참꼬막**

- 털이 없고 주름골이 17~18개이다.
- 크기가 가장 작다.
- 갯벌에서 사람이 직접 채취한다.
- 가격이 비싸 임금님 수라상에 올랐다.

새꼬막

- 표면에 털이 있고 주름골이 30~40개이다.
- 참꼬막보다 더 크다.
- 시중에서 흔히 볼 수 있다.

피조개

- 조갯살이 붉고 주름골이 39~44개이다.
- 꼬막류 중 가장 크다.
- 회나 초밥 등 날것으로 먹는다.

9. 구절초

- 잎모양은 쑥과 비슷하다.
- 주로 맑은 흰색이며, 드물게 분홍색이 있다.
- 뿌리부터 꽃이 피는 마디까지 아홉마디라서 '구절초'라는 이름이 생겼다.

벌개미취

- 잎이 약간 넓고 톱니 모양이다.
- 연한 보랏빛의 겹꽃이다.
- '벌판에 피는 개미취'라는 뜻이다.

쑥부쟁이

- 잎은 좁고 길며 굵은 톱니가 있다.
- 흰색이나 보라색의 홑꽃이다.
- '쑥을 캐러 다니는 대장장이의 딸이 죽은 곳에 핀 꽃'이라는 뜻이다.

Level 01

9. 의사소통: 읽기 이해

1) 문자 메시지 읽기

1. ① 다음 주 목요일(9일) 3시 ② 인사동 강인 갤러리
2. ① 4.5% ② 8월 31일까지
3. ① 9월 17일 ② 655,500원
4. ① 검은색 점퍼, 운동화 ② 김승화, 74세
5. ① 101동 피트니스 ② 에어컨 실외기 고장
6. ① 농협, 4만 원 ② 쌀
7. ① 미래치과 ② 6월 23일 2시
8. ① 강사 코로나 확진 ② 노래 교실
9. ① 24,300원 ② 내분비대사내과
10. ① 전북 장수군 ② 야외

2) 짧은 글 읽기

1. ① 임플란트 ② 만 65세
2. ① 여수, 오동도, 순천 ② 오동도
3. ① 참치김밥 ② 마요네즈, 레몬, 청양고추
4. ① 식물학과 예술을 합친 말로 식물을 세밀하게 그리는 것 ② 보라색 도라지꽃
5. ① 아차산 ② 치킨, 맥주
6. ① 호랑이 ② 솜사탕

7. ① 비 ② 중부 지방

8. ① 조부모에게 아이를 맡길 경우 지자체가 지급하는 수당 ② 월 30만 원

9. ① 염색 ② 마트

10. ① 온누리상품권 ② 양말

3) 문장 읽고 순서 기억하기

1. 3 - 2 - 1

2. 3 - 1 - 2

3. 3 - 1 - 2

4. 2 - 3 - 1

5. 2 - 1 - 3

6. 3 - 2 - 1

7. 3 - 2 - 1

8. 1 - 2 - 3

9. 2 - 3 - 1

10. 3 - 2 - 1

4) 문장 읽고 예/아니요 판단하기

1. 예 - 예

2. 아니요 - 아니요

3. 예 - 예

4. 아니요 - 예

5. 아니요 - 예

6. 예 - 아니요

7. 예 - 예
8. 아니요 - 예
9. 예 - 아니요
10. 아니요 - 예
11. 아니요 - 예

Level 02

10. 의사소통: 읽기 이해

1) 문자 메시지 읽기

1. ① 17일(금) 6시 ② 행운아파트 107동 804호 ③ 강변역

2. ① 12월 21일 ② 서가정 ③ 5만 원

3. ① 한전(한국전력) ② 45,000원 ③ 매월 16일

4. ① 코코 정수기 ② 11,900원 ③ 얼음정수기

5. ① 블루베리 ② 10월 28일 ③ 박윤미

6. ① 8시간 ② 위내시경 ③ 9월 12일(화)

7. ① 국민건강보험공단 ② 위암, 대장암, 유방암, 자궁경부암 ③ 암

8. ① 플러스 항공 ② 출발 시간 변경 ③ 제주

9. ① 다시봄 합창단 정기 공연 ② 4월 29일(토) ③ 영산아트홀

10. ① 행복구민 체육대회 ② 행복구민 운동장 ② 이어달리기, 단체 줄넘기, 동별 줄다리기

2) 짧은 글 읽기

1. ① 30포기 ② 고춧가루, 무, 쑥갓, 양파, 당근, 파, 새우, 굴 젓갈 등 ③ 돼지고기 보쌈

2. ① 사망, 극심한 통증, 보행 불편으로 삶의 질 저하 ② 비타민 D와 칼슘이 풍부한 음식 ③ 꾸준한 운동과 스트레칭

3. ① 도토리묵과 파전 ② 청계산 - 마트 - 약국 ③ 약국 - 마트 - 청계산

4. ① 하얀색 부츠 ② 240mm ③ 30만 원

5. ① 8월 31일 ② 타원형 ③ 2037년 1월 31일

6. ① 4시간 30분 ② 관음도, 삼선암, 코끼리바위 ③ 오징어회, 독도새우
7. ① 갈색 스웨터 ② 17만 6천 원 ③ 쓰레기봉투
8. ① 30대 중반 ② 낙상, 골절, 당뇨 등 대사 질환 ③ 적절한 운동, 닭가슴살, 시금치, 블루베리 등 섭취
9. ① 아침 8시부터 저녁 8시까지 ② 실내 운동화 ③ 30분씩
10. ① 무릎 ② 한의원 ③ 깻잎김치

3) 문장 읽고 순서 기억하기

1. ① 물 마시기 ② 맨손 운동 ③ 아침 식사
2. ① 빨래 ② 방 청소 ③ 커피 마시기
3. ① 전화 걸기 ② 점심 식사 ③ 낮잠
4. ① 빨래 걷기 ② 국수 만들어 저녁 식사 ③ 산책
5. ① 드라마 보며 빨래 개기 ② 샤워 ③ 취침
6. ① 닭가슴살 삶기 ② 닭가슴살 찢기 ③ 소스 준비
7. ① 식초 넣기 ② 설탕 넣기 ③ 연겨자 넣어 섞기
8. ① 숙주나물 데치기 ② 파프리카 채썰기 ③ 오이 채썰기
9. ① 소스 버무리기 ② 레몬즙 뿌리기 ③ 통깨 뿌리기
10. ① 그릇에 담기 ② 냉장고에 넣기 ③ 열무비빔밥 곁들이기

4) 문장 읽고 예/아니요 판단하기

1. 예 - 예 - 아니요
2. 예 - 예 - 예
3. 아니요 - 예 - 예
4. 아니요 - 예 - 아니요
5. 예 - 예 - 아니요

6. 예 - 예 - 아니요
7. 예 - 예 - 예
8. 아니요 - 예 - 예
9. 아니요 - 예 - 예
10. 예 - 아니요 - 아니요
11. 예 - 예 - 아니요

Level 01

11. 의사소통: 쓰기

1) 삼행시 짓기

1~10. 〈예시〉

김: 김밥을 싸 들고

진: 진달래꽃이 활짝 핀 공원으로

아: 아이들과 나들이 간다.

2) 빈칸 채우기

1. 배

2. 독

3. 땅

4. 범

5. 탑

6. 말, 말

7. 목

8. 여든

9. 개구리

10. 구슬

3) 끝말잇기

1. 〈예시〉 상자 - 자연
2. 〈예시〉 구멍 - 멍청이
3. 〈예시〉 부엉이 - 이빨
4. 〈예시〉 식사 - 사장
5. 〈예시〉 민어 - 어부
6. 〈예시〉 소원 - 원숭이
7. 〈예시〉 물개 - 개미
8. 〈예시〉 추수 - 수영
9. 〈예시〉 복장 - 장사
10. 〈예시〉 도전 - 전화

4) 자기소개글 쓰기

1. 〈예시〉 내 이름은 **홍길동입니다.**
2. 〈예시〉 내가 태어난 곳은 **서울입니다.**
3. 〈예시〉 현재 내가 사는 곳은 **경기도 수원입니다**.
4. 〈예시〉 내 나이는 **62세입니다.**
5. 〈예시〉 내 형제는 **오빠 1명과 언니 3명입니다.**
6. 〈예시〉 내 가족은 **남편과 아들, 딸입니다.**
7. 〈예시〉 내 직업은 **회사원입니다.**
8. 〈예시〉 내 취미는 **텃밭 가꾸기입니다.**
9. 〈예시〉 내가 좋아하는 음식은 **된장찌개와 추어탕입니다.**
10. 〈예시〉 내가 좋아하는 색깔은 **보라색입니다.**

5) 주제글 쓰기

1. **음식**

〈예시〉

① 초밥

② 밥, 식초, 설탕, 생선, 고추냉이

③ 미역국

④ 생일에 집에서 가족들과 먹었다.

⑤ 짭짤하면서 미역 향기가 많이 난다.

2. **여행**

〈예시〉

① 스위스

② 경치가 예뻐서

③ 연말

④ 가족

⑤ 산악 열차를 타고 아름다운 경치를 구경하고 싶다.

3. **고향**

〈예시〉

① 충남 서산

② 고등학교 졸업 후

③ 부모님

④ 서해안 주변에 관광지가 많다.

⑤ 길가에 있던 꽃을 보면서 친구들과 학교 다녔던 추억이 있다.

4. 취미

〈예시〉

① 캠핑

② 작년 여름

③ 일상에서 해방되어 자연을 만끽하기 위해 시작하게 되었다.

④ 손수 텐트를 치고 음식을 하면 성취감을 느낄 수 있다, 계절의 변화나 자연의 변화를 체감할 수 있다.

⑤ 스트레스 해소, 캠핑이 취미인 다른 가족이나 지인들과 함께 캠핑해 보고 싶다.

6) 편지글 쓰기

1. 감사

〈예시〉

민지야 안녕. 저번에 내가 어려울 때 선뜻 도와줘서 정말 고마웠어. 고등학교 이후로 연락을 자주 하지 못했는데도 나를 아직 소중한 친구로 여겨 줘서 고마워. 앞으로 네가 어려울 때도 나에게 편하게 얘기해 주길 바란다.

2. 생일 축하

〈예시〉

오늘은 당신의 특별한 날, 생일 축하해요. 당신은 더 나은 세상을 만들고 주변 사람들을 빛나게 해 주는 사람이에요. 당신은 나의 아주 소중한 친구이며 인생의 동반자입니다. 앞으로도 우리 행복하게 잘 지내요.

3. 사과

〈예시〉

사랑하는 아내에게

항상 나에게 잘해 주는데도 큰 소리로 화내서 미안해요. 요즘 회사 일이 많아서 스트레스가 많았던 것 같아요. 그래도 나는 항상 당신을 변함없이 사랑합니다. 앞으로는 화내지 않도록 조심해 볼게요.

4. 자녀에게

〈예시〉

엄마 딸로 태어나 주어 고마워. 너를 낳고 키우면서 엄마는 정말 행복했어. 이렇게 다 커서 스스로의 삶을 개척해 나가는 것을 보면 정말 뿌듯하고 대견하단다. 지혜롭고 건강하게 앞으로의 인생을 후회 없이 살아가길 바란다.

5. 자기 칭찬

〈예시〉

나는 참 성실하게 살았고 공명심이 강하여 남을 돕는 일에 적극적으로 나서 왔다. 또한 나는 참을성이 많으며 의지가 강한 사람이다.

7) 견해 쓰기

1. 〈예시〉 나는 **오빠**가 제일 싫다. 왜냐하면 **신었던 양말을 내 방에 벗어 놓기 때문이다.**
2. 〈예시〉 나는 **친구**가 제일 좋다. 왜냐하면 **내 이야기를 항상 잘 들어주기 때문이다.**
3. 〈예시〉 나는 **청국장**이 제일 싫다. 왜냐하면 **냄새가 너무 고약하기 때문이다.**
4. 〈예시〉 나는 **불고기**가 제일 좋다. 왜냐하면 **달짝지근한 소스와 고기가 맛있기 때문이다.**
5. 〈예시〉 나는 **설거지**가 제일 싫다. 왜냐하면 **밥을 먹고 난 후에는 쉬고 싶기 때문이다.**
6. 〈예시〉 나는 **청소**가 제일 좋다. 왜냐하면 **깨끗해진 집을 보면 기분이 좋기 때문이다.**
7. 〈예시〉 나는 **초록색**이 제일 좋다. 왜냐하면 **초록색을 보면 안정감이 들기 때문이다.**
8. 〈예시〉 나는 **빨간색**이 제일 싫다. 왜냐하면 **빨간색 옷은 나에게 안 어울리기 때문이다.**
9. 〈예시〉 나는 **조용한 카페**가 제일 좋다. 왜냐하면 **친구들과 조용히 이야기할 수도 있고 맛있는 커피를 마실 수도 있기 때문이다.**
10. 〈예시〉 나는 **만원 버스**가 제일 싫다. 왜냐하면 **숨이 막힐 듯 답답하기 때문이다.**

8) 노래 가사 쓰기

1. 쪽박
2. 누워서 자거라
3. 살랑
4. 밀짚모자
5. 조롱조롱
6. 자장노래
7. 아카시아
8. 요란해도
9. 열두고개
10. 높은 하늘

9) 자서전 쓰기

»» 인생에서 가장 중요했던 일

〈예시〉

1. 받아쓰기 시험에서 100점을 받았다.
2. 중학교 때 반장을 했다.
3. 해병대를 전역했다.
4. 사랑하는 사람과 결혼했다.
5. 내 집을 샀다.
6. 자녀들을 모두 대학에 보냈다.
7. 자녀들이 모두 결혼했다.
8. 시인으로 등단했다.
9. 건강하게 지내고 있다.
10. 해당 사항 없음(현재 80대)

》 인생에서 가장 슬픈 순간

〈예시〉

1. 초등학교 2학년 때 전학을 갔다.
2. 키우던 강아지가 죽었다.
3. 자전거를 타다가 교통사고를 당했다.
4. 아이가 아파서 병원에 입원했다.
5. 건강검진에서 뇌종양이 발견되었다.
6. 운영하던 사업이 잘되지 않아 빚을 지게 되었다.
7. 부모님께서 돌아가셨다.
8. 은퇴 후 취미 생활을 찾지 못했다.
9. 해당 사항 없음(현재 70대)
10. 해당 사항 없음(현재 70대)

》 인생에서 가장 행복했던 순간

〈예시〉

1. 생일날 내가 가고 싶었던 놀이동산에 갔다.
2. 친구들과 수학여행을 다녀왔다.
3. 원하는 회사에 입사했다.
4. 두 아이의 아빠가 되었다.
5. 가족들과 처음으로 해외여행을 갔다.
6. 자녀들이 학교에 들어갔다.
7. 자녀들이 졸업하고 취업했다.
8. 자녀들이 좋은 배우자를 만나 결혼했다.
9. 손자, 손녀가 태어났다.
10. 자식들과 손자, 손녀가 나의 생일을 축하해 주려고 모였다.

Level 02

12. 의사소통: 쓰기

1) 삼행시 짓기

1. 〈예시〉

오: 오늘은 크리스마스입니다.

징: 징글벨이 여기저기서 흘러나옵니다.

어: 어린이도 어른도 모두 행복한 날입니다.

2. 〈예시〉

부: 부드러운 바람이 불고

동: 동그란 구름이 맑게 떠 있는 날

산: 산에 한번 올라가 볼까요?

3. 〈예시〉

비: 비 오는 날 창가에서

행: 행인들을 바라보고 있는데

기: 기다리는 친구가 멀리서 뛰어오고 있었다.

4. 〈예시〉

고: 고요한 밤하늘에

무: 무수한 별들이 있어

신: 신비한 느낌이 든다.

5. 〈예시〉

배: 배를 타고 바다로 가서

우: 우리 아내가 좋아하는 생선을 잡아

자: 자식들과 맛있게 먹어야지.

6. 〈예시〉

장: 장미꽃이 한창 핀 여름날이었다.

난: 난 꽃과 편지를 가져다

감: 감사의 마음을 전했다.

7. 〈예시〉

경: 경사진 언덕 위에 열린

복: 복스러운 사과를 따서

궁: 궁궐 같은 집으로 가져갔다.

8. 〈예시〉

무: 무수한 별들 가운데

지: 지구라는 행성에 사는

개: 개구쟁이 같은 우리 아이들

9. 〈예시〉

고: 고향에 방문하니 어린 시절이 생각났다.

구: 구석구석 마을을 둘러보니 어린 시절의 추억이 생생했다.

마: 마음이 따뜻해졌다.

10. 〈예시〉

선: 선물로 가장 받고 싶은 것은

인: 인기 가수의 콘서트 입장권과

장: 장문의 편지이다.

2) 빈칸 채우기

1. 〈예시〉 부스럼
2. 〈예시〉 미운 놈
3. 〈예시〉 외양간
4. 〈예시〉 벌레
5. 〈예시〉 솥뚜껑
6. 〈예시〉 지렁이
7. 〈예시〉 돌다리
8. 〈예시〉 올챙이
9. 〈예시〉 가랑비
10. 〈예시〉 식후경

3) 끝말잇기

1. 투자 - 자손 - 손자
2. 데릴사위 - 위장 - 장마
3. 평생 - 생일 - 일기장
4. 작별 - 별거 - 거짓말
5. 애교 - 교실 - 실내화
6. 공주 - 주인공 - 공사 - 사탕 - 탕진
7. 시계 - 계절 - 절세미인 - 인물 - 물가
8. 모순 - 순서 - 서점 - 점선 - 선비
9. 며느리 - 리어카 - 카메라 - 라면
10. 소송 - 송충이 - 이발사 - 사과 - 과장

4) 자기소개글 쓰기

〈예시〉

안녕하세요. 제 이름은 **김삼순**이고 **59세**입니다. 저는 **서울시 송파구**에서 태어났습니다. 저희는 **5남매**인데 오빠 둘에 언니 둘로, 저는 막내입니다. 지금은 **남편, 두 딸 그리고 고양이 한 마리**와 함께 살고 있습니다. 저는 젊었을 때부터 다녔던 **은행**에 아직 다니고 있습니다. 두 딸이 다 커서 이제는 은퇴를 하려고 합니다. 그래서 요즘 우리 가족들은 은퇴 후에 어떤 삶을 살면 좋을지 이야기를 많이 나누고 있습니다. 처음에는 귀농을 하려고 했는데 딸들이 반대해서 귀농은 하지 않기로 했습니다. 남편이 캠핑을 좋아해서 퇴직금으로 캠핑카를 사려고 합니다. 캠핑카를 타고 다니며 우리나라 곳곳을 구경하고 싶습니다. 취미는 **요리하기**입니다. 다른 사람들이 제 음식을 먹고 좋아할 때 아주 뿌듯합니다. 큰딸이 제가 요리하는 모습이나 완성된 요리를 찍어서 SNS에 올려 줍니다. 모르는 사람들이 제 SNS를 보고 댓글을 달아 주는 것이 참 신기합니다.

5) 주제글 쓰기

1. 음식

〈예시〉

제가 가장 좋아하는 음식은 **김치전**입니다. 김치전을 만들기 위해서는 **김치, 부침가루, 식용유, 오징어**가 필요합니다. **먼저 부침가루와 찬물, 배추김치, 잘게 썬 오징어를 섞어 반죽을 만듭니다. 달궈진 팬에 식용유를 두르고 반죽을 얇게 펴서 익히면 됩니다. 비가 오는 날이면 어머니께서 김치전을 맛있게 부쳐 주셨는데**, 아직도 비가 오면 어머니의 김치전이 그립습니다. 김치의 아삭한 식감과 쫄깃한 오징어가 정말 잘 어울립니다. **매콤하기도 하고 짭짤하기도 해서** 반찬으로도 손색이 없습니다.

2. 여행

〈예시〉

저는 **경주**에 여행을 가고 싶습니다. 학창 시절에 경주로 수학여행을 다녀왔는데 친구들과 유적지도 돌아보고 **재미있게 놀았던 기억이 있습니다.** 요즘에는 젊은 사람들에게도 인기가 있을 만큼 많이 변했다고 하는데, **학창 시절 이후로 한 번도 가 보지 못했습니다.** **이번 휴가**에 **친구**들과 경주에 다시 가서 옛 추억도 떠올리고 즐겁게 여행하면 좋겠습니다.

3. **고향**

〈예시〉

저는 **전라도**에서 태어나 **서울에 있는 대학교에 다니게 되면서** 고향을 떠났습니다. 대학을 졸업한 후에도 서울에 있는 직장을 잡게 되어 고향으로 돌아가지 못했습니다. 어렸을 때 저희 집 근처는 모두 논밭이었습니다. 그래서 여름 농번기가 되면 저희 학교 학생들이 모두 농사일을 도와주러 가곤 했습니다. 저희 집에서 학교까지는 걸어서 1시간 거리였는데, 어머니가 주신 차비로 **친구들과 과자를 사 먹으며 걸어다녔습니다.** 우리 고향은 아직 개발되지 않은 지역이라 주변 환경이 예전과 거의 비슷합니다. 그래서 **밤이면 아름다운 별을 볼 수 있고 푸른 자연환경을 만끽할 수 있습니다.**

4. **취미**

〈예시〉

저의 취미는 **낚시**입니다. **5년 전부터** 다니기 시작했지요. **친구를 따라 배낚시를 갔다가** 너무 재미있어서 혼자서 종종 가게 되었습니다. 저는 주로 밤낚시를 하는데 잔잔한 물가에서 조용히 있다 보면 **복잡한 생각들이 정리되면서 마음이 편해집니다.** 또한 **물고기를 낚아 올릴 때의 쾌감이 엄청납니다.** **다음 낚시에는 아들과 함께 가서** 이런저런 이야기도 나누고 싶습니다.

6) 편지글 쓰기

1. **보고 싶은 사람**

〈예시〉

보고 싶은 정희에게

네가 호주로 이민을 간 지 벌써 10년이 되었구나. 처음에는 잠깐 쉬러 가겠다고 했는데 어느새 시간이 이렇게 흘러 버렸네. 그곳에 잘 정착하여 살아가는 모습이 참 멋있다고 생각한다. 저번 명절에 한국에 잠깐 들어왔을 때 내가 병원에 입원해서 못 봤던 것이 아쉽다. 다음에 한국에 들어오면 꼭 얼굴 보면서 이야기하자.

2024년 10월 1일

친구 미자가

2. 미안한 사람

〈예시〉

셋째 언니에게

언니는 내가 막내라는 이유로 함께 놀아 주고 무슨 일이든 앞장서서 해결해 주고 맛있는 것도 많이 해 주었지. 언니 자신도 몸이 약했는데 늘 신경 써 주는 것에 대해 한 번도 미안하다고 말하지 못했어. 언니, 앞으로 막내로 대우받으려고만 하지 않을게. 그동안 언니를 힘들게 해서 많이 미안했어.

2024년 1월 1일

동생 진희가

3. 고마운 사람

〈예시〉

김 집사님에게

집사님, 고마워요. 작년에 아팠을 때 마음 아파하고 같이 기도해 주시고 몸에 좋은 음식도 직접 시골에서 공수해 주셔서 정말 고마웠어요. 그렇게 신경을 써 주었는데 고맙다는 얘기 한 번 전하지 않고 커피 한 잔 대접해 드리지 못했네요. 늘 고마운 마음 갖고 있어요.

2024년 2월 1일

찬영 엄마가

4. 과거의 나

〈예시〉

과거의 나에게

과거의 나는 무척이나 부지런히 살았다. 그런데 미련하게 건강을 돌보지 못해 병에 걸린 것도 모르고 살았네. 가족들뿐 아니라 나 자신의 건강도 돌보면서 살길 바란다.

2024년 12월 1일

내가

5. 현재의 나

〈예시〉

현재의 나에게

지금 나는 그렇게 행복하지 않다고 생각할지 모르지만, 이런 모습이 된 것도 모두 나의 선택이었다고 생각해. 그러니 만족하면서 지금 현재를 즐기면 좋겠다. 많은 사람들과 함께할 수 있어서 감사하고, 자녀들이 열심히 살아 주니 그 또한 감사한 일인 것 같아. 항상 건강하길 바란다.

2024년 2월 10일

내가

6. 미래의 나

〈예시〉

미래의 나에게

미래에는 내가 어떤 일을 하고 있을지 아주 궁금하다. 미래를 준비하기 위해 항상 열심히 살고 있는데 얼마만큼의 결실을 맺게 될까? 너도 이젠 나이를 먹었을 테니 항상 건강 챙기고, 많은 사람에게 존경받는 사람이 되었으면 좋겠다.

2024년 11월 9일

내가

7) 견해 쓰기

1. 〈예시〉 나는 다시 태어나면 **독창적인 예술가**가 되고 싶다. 왜냐하면 **사람들이 예술 작품을 보면서 감동받고 새로운 영감을 얻는 것이 좋기 때문이다.**

2. 〈예시〉 나는 학생들이 교복을 입는 것에 **찬성**한다. 왜냐하면 **교복을 입으면 매일 어떤 옷을 입을지에 대해 고민할 필요가 없고 공부에 집중할 수 있기 때문이다.**

3. 〈예시〉 나는 조부모가 손자 손녀를 돌보는 것에 **찬성**한다. 왜냐하면 **맞벌이 부부들은 아이들을 맡길 기관이나 사람을 구하기가 힘들기 때문이다.**

4. 〈예시〉 나는 지하철의 무임승차 연령을 올리는 것에 대해 **찬성**한다. 왜냐하면 **노인 인구가 폭발적으로 늘어 가고, 노인이라 생각하는 연령의 기준이 예전에 비해 올랐기 때문이다.**

5. 〈예시〉 나는 노인의 운전면허 반납을 **찬성**한다. 왜냐하면 **노인일수록 신체적인 기능이 떨어지기 때문에 급박한 상황에서 빠르게 대응하기가 어려워 큰 사고로 이어질 수 있기 때문이다.**

6. 〈예시〉 나는 안락사를 **반대**한다. 왜냐하면 **살아 있는 생명을 죽이는 것은 자의든 타의든 살인과 같다고 생각하기 때문이다.**

7. 〈예시〉 나는 사형제도를 **반대**한다. 왜냐하면 **사형보다 가석방 없는 무기징역이 범죄자 입장에서 더 고통스러운 형벌이라고 생각하고, 피해자 입장에서도 가해자의 보복을 두려워하지 않아도 되기 때문이다.**

8. 〈예시〉 나는 황혼이혼을 **찬성**한다. 왜냐하면 **부부가 이혼하는 데에는 나이가 중요하지 않다고 생각하기 때문이다.**

9. 〈예시〉 나는 개 식용 금지를 **찬성**한다. 왜냐하면 **개는 반려동물로서 사람과 가족 같은 관계가 될 수 있어 심리적으로 거부감이 들기 때문이다.**

10. 〈예시〉 나는 촉법소년 연령을 낮추는 것을 **반대**한다. 왜냐하면 **아이들은 보호해야 할 대상이지 처벌할 대상은 아니라고 생각한다. 또한 촉법소년들은 형사 처분만 받지 않을 뿐 보호 처분은 적용되기 때문에 이를 통해 충분히 교화할 수 있을 것이라 생각한다.**

8) 노래 가사 쓰기

1. 십리
2. 선달
3. 연평
4. 심심산천

5. 버들
6. 별
7. 함홍차
8. 문경새재
9. 백두산
10. 소설

9) 자서전 쓰기

1. 〈예시〉

나는 어렸을 때부터 수학을 좋아해서 수학 시험에서 항상 100점을 받았다. 그때부터 **나의 꿈은 공학자가 되었다. 초등학교 2학년 때 전학을 갔는데 친한 친구와 다시 만날 수 없다는 사실은 어린 마음에 큰 슬픔이 되었다.** 초등학교 때 놀이공원이 첫 개장을 했는데, **아버지께서 내 생일 선물로 놀이공원에 같이 가 주셨을 때가 가장 행복했다.**

2. 〈예시〉

수줍음이 많은 성격을 걱정하던 어머니께서 나를 웅변 학원에 보내셨다. **웅변을 배우고 나서 다른 사람들 앞에서 말하는 것에 자신감이 붙게 되었다.** 그해 처음으로 반장 선거를 나갔고 친구들의 지지 덕분에 반장이 되었다. **마당에서 키우던 강아지가 있었는데 새끼를 낳다가 죽었다.** 어린 새끼라도 살리기 위해 온 가족이 밤새 닦아 주고 우유를 먹였던 기억이 있다. 지금도 하얀 강아지를 보면 그때 키웠던 강아지가 생각나서 마음이 무거워진다. **고등학교 시절 제주도로 수학여행에 갔을 때가 가장 행복했다.** 그때는 참 순수해서 친구들과 무슨 이야기를 하든 재미있고 즐거웠던 것 같다.

3. 〈예시〉

아버지의 영향을 받아 우리집 남자들은 모두 해병대에 지원했다. 나도 형을 따라 해병대에 지원했고 전역한 날 아버지께서는 나에게 아주 대견하다고 칭찬해 주셨다. 우리 학교는 산 중턱에 있었는데 자전거를 타고 내려오다가 차와 부딪혀서 복숭아뼈가 골절되는 부상을 입었다. **한 달 정도 깁스를 하고 다녔는데 학교 다니는 것이 무척이나**

힘들었다. 그 일을 계기로 요즘에도 운전할 때 항상 조심하려고 노력한다. 대학을 졸업할 무렵 사회 전반적으로 경기가 어려웠다. 기업은 신입 사원 채용을 대폭 줄였지만 **운 좋게 원하는 회사에 입사하게 돼서 무척 기뻤다.**

4. 〈예시〉

내 아내와 나는 대학교 선후배 사이였다가 어느새 연인으로 발전했다. 같은 계열에서 일하며 서로의 슬픔과 기쁨을 나누다 보니 평생의 동반자가 되고 싶었고, 결국 **서른 살에 결혼을 했다.** 둘 다 아이를 좋아하여 두 아이를 낳았고, **아빠가 된 순간 최고의 행복을 느꼈던 것 같다.** 큰 아이가 갑자기 열이 39도까지 올라 응급실에 간 적이 있다. 다행히 열이 빨리 내렸고 그 후로는 큰 병 없이 잘 자라 주었다. 모든 부모가 그렇듯이 **아이가 아팠을 때는 정말 괴로웠던 것 같다.**

5. 〈예시〉

부모님의 칠순 잔치를 대신해 온 가족이 해외여행을 다녀왔다. 가족 모두가 만족했고 여행을 주최한 나로서는 **가족들이 좋아하는 모습을 보고 행복했다.** 회사에서 매년 건강 검진을 하는데 **뇌종양이 발견되었다.** 다행히 초기에 발견하여 항암 치료만 잘 받으면 일상생활이 가능하다고 했다. 회사에서는 1년 정도 휴직계를 낼 수 있게 배려해 주었고 치료가 잘 되어 복귀할 수 있었다. **처음 병명을 들었을 때는 인생이 끝난 것 같았으나** 지금은 건강을 더 잘 챙기게 되었으니 감사한 일이다.

6. 〈예시〉

두 아들이 고등학교를 졸업하고 대학교에 입학했을 때는 아버지로서 나의 임무가 마무리된 것 같다는 생각이 들었다. 회사에서 승진한 것보다 **아이들을 무사히 교육시킨 것이 훨씬 더 기뻤다.** 회사를 다니면서 사업을 몇 가지 구상했는데 아이들이 모두 졸업한 것을 보니 이제 그것을 실행시키면 되겠다고 생각했다. 그러나 **사업은 생각보다 잘되지 않았고, 그로 인해 큰 빚을 지게 되어 상심이 무척 컸다.**

7. 〈예시〉

동종 업계에서 일하던 아내의 조언을 받아 **빠르게 사업을 회복할 수 있었다.** 그럭저럭 밥벌이를 하던 중 아버지께서 돌아가셨다는 소식을 들었다. 엄하기도 했던 아버지였지만 나도 아이를 낳고 보니 아버지만큼 하기가 정말 어렵다는 생각이 들었다. **그런 아버지가 이제 내 곁에 계시지 않다고 생각하니 이루 말할 수 없이 슬펐다.** **아이들은 모두 졸업하고 다행히 안정된 직장을 갖게 되어 얼마나 기쁘고 홀가분한지 모르겠다.** 그리고 각자의 짝을 만나 결혼했다. 이렇게 보니 나의 60대는 사랑하는 이를 떠나보내는 나날들의 연속인 것 같다.

8. 〈예시〉

젊었을 때부터 가족들을 위해 열심히 일하다 보니 마땅한 취미 생활을 누리지 못한 것이 후회스러웠다. **친구들은 은퇴 후에 자신만의 취미 생활을 하며 노후를 행복하게 보내는 것 같은데 나는 무엇을 해야 할지 막막하고 울적한 기분이 들었다.** **어느 날 며느리가 내 오래된 노트에 쓰인 글을 보고 칭찬을 해 주었다.** 대학 시절 문학 동아리를 하며 소소하게 글을 썼는데 요즘 사람들이 보기에도 전혀 촌스럽지 않고 퍽 괜찮다는 평을 받았다. 나는 그때의 감성을 살려 시를 썼고 **다른 사람들의 인정을 받아 시인으로 등단했다. 그 어느 때보다 성취감과 만족감이 컸다.** 손자와 손녀가 태어났을 때는 감격스러운 마음을 담아 축복의 시를 써 주기도 했다.

9. 〈예시〉

나는 젊은 시절부터 주변에 사람이 많았고, **인간관계를 잘 다지는 것이 나에게 무엇보다 중요하다고 생각해 왔다.** 오래 살다 보니 친구들의 부고 소식이 하나둘 들려왔다. **소식을 듣는 날은 아무것도 손에 잡히지 않을 만큼 절망스러웠다.** 어릴 때부터 함께했던 친구들이 곁을 떠나자 **아내가 건강하게 내 곁에 있다는 사실이 너무 감사했다.** 젊었을 때 큰 병을 이겨 낸 후로 건강하게 지내는 것이 정말 중요하다는 것을 다시 한번 깨달았다.

10. 〈예시〉

자식들도 나이가 들고 더 이상 나를 돌봐 주기 어렵게 되었다. **가족들과 헤어져 혼자 사는 것은 너무 슬프고 고독하지만** 상황이 어쩔 수 없기에 나는 요양원으로 들어갔다. 이곳에서 죽음을 잘 준비해야겠다고 생각했다. 비록 자식들을 자주 볼 수는 없었지만 생일마다 손자, 손녀를 데리고 축하를 해 주러 요양원에 찾아왔다. **그들을 바라보고 있자니 내 인생은 참으로 행복한 인생이었다는 생각이 들었다.**

참고문헌

강혁준, 김상률, 김정헌(2020). 가상현실 인지재활 프로그램이 경도인지장애 환자의 인지능력과 일상생활동작에 미치는 영향. 대한물리의학회지, 15(4), 155-161.

김수정, 장현진(2020). 회상하기 프로그램이 알츠하이머 노인의 의사소통 능력에 미치는 영향. 재활치료과학, 9(4), 21-31.

김정완, 장만순(2022). (경미한 인지, 언어장애 대상자를 위한) 인지-의사소통장애 재활 프로그램. 이담북스.

박현숙(2021). (경계선 지능 아동 청소년을 위한) 느린학습자 인지훈련프로그램 1. 학지사.

변해원(2019). 한국형 전산화 인지재활프로그램이 초기 치매노인의 생성 이름대기 수행에 미치는 효과에 관한 예비연구. 한국융합학회논문지, 10(9), 167-172.

서혜경, 김주연(2023). 실어증 및 인지의사소통장애를 위한 언어재활 워크북(표현력 편). 학지사.

손희정, 성지은(2016). 의미범주기반 작업기억 중재가 실어증환자의 문장이해 및 단어유창성에 미치는 일반화 효과. *Communication Sciences and Disorders, 21*(1), 174-192.

송기범, 이아름, 김지은, 류호경(2014). 'Draw Something' 게임을 이용한 노인인지 중재에 관한 연구. 한국 HCI 학회 학술대회, 233-236.

신상은, 박희영(2018). 작업기억과 노출횟수가 AAC 그림상징을 이용한 문장구성에 미치는 영향. *Communication Sciences and Disorders, 23*(2), 392-403.

안길만, 최양규(2013). 작업기억 강화 프로그램이 알츠하이머형 치매 환자의 단어 유창성과 문장이해력에 미치는 효과. 심리행동연구, 5(2), 75-110.

엄보라(2015). 문장 따라말하기를 활용한 작업기억 중재가 실어증 환자의 문장이해 능력에 미치는 효과. 이화여자대학교 대학원 언어병리학과 석사학위논문.

이금자, 김화수, 임은실(2015). 치매 예방을 위한 인지 · 의사소통 놀이 50. 학지사.

이금자, 김화수, 임은실(2019). 스마트 에이징을 위한 치매예방 인지 · 의사소통 놀이 48. 학지사.

이금자, 김화수, 임은실(2021). 현실 인식을 위한 치매예방 인지 · 의사소통 워크북. 학지사

이명경(2016). 집중력 실전 워크북: 아이의 집중력, 부모에게 달려 있다. 김영사.

이미숙(2021). 노화와 인지-의사소통. 군자출판사.

이미숙, 김보선, 임재성(2021). 인지-의사소통장애 간편검사. 인싸이트.

이미숙, 김수진(2022). 치매와 인지-의사소통: 인간 중심 재활. 학지사.

이진희(2013). 작업기억 활성화 훈련이 단순언어장애 아동의 담화이해능력에 미치는 영향. 대구대학교 재활과학대학원 석사학위논문.

최수진, 성지은, 정지향, 김건하(2016). 동사 운반구를 활용한 작업기억중재가 경도인지장애군의 언어처리과정에 미치는 효과. *Communication Sciences and Disorders, 21*(3), 524-537.

최현주(2016). 기억상실형 경도인지장애와 알츠하이머병 환자의 이야기 이해 능력과 작업기억 및 언어기억의 상관. *Communication Sciences and Disorders, 21*(2), 324-332.

홍선주, 이명진, 정은주, 김초복, 손영돈(2015). ADHD 아동용 작업기억 훈련 프로그램 개발과 효과 검증. **교육과정평가연구, 18**(3), 209-232.

Bchkuehl, M., Jaeggi, S. M., Hutchison, S., Perrig-Chiello, P., Däpp, C., Müller, M., Breil, F., Hoppeler, H., & Perrig, W. J. (2008). Impact of working memory training on memory performance in old-old adults. *Psychology and Aging, 23*(4), 743-753.

Borella, E., Carretti, B., Riboldi, F., & de Beni, R. (2010). Working memory training in older adults: Evidence of transfer and maintenance effects. *Psychology and Aging, 25*(4), 767-778.

Carretti, B., Borella, E., Zavagnin, M., & de Beni, R. (2013). Gains in language comprehension relating to working memory training in healthy older adults. *International Journal of Geriatric Psychiatry, 28*(5), 539-546.

Flak, M. M., Hol, H. R., Hernes, S. S., Chang, L., Engvig, A., Bjuland, K. J., Pripp, A., Madsen, B., Knapskog, A., Ulstein, I., Lona, T., Skranes, J., & Løhaugen, G. (2019). Adaptive computerized working memory training in patients with mild cognitive impairment. A randomized double-blind active controlled trial. *Frontiers in Psychology, 10.*

Hyer, L., Scott, C., Atkinson, M. M., Mullen, C. M., Lee, A., Johnson, A., & Mckenzie, L. C. (2016). Cognitive training program to improve working memory in older adults with MCI. *Clinical Gerontologist, 39*(5), 410-427.

Morrison, A. B., & Chein, J. M. (2011). Does working memory training work? The promise and challenges of enhancing cognition by training working memory. *Psychonomic bulletin and Review, 18*(1), 46-60.

Mridula, J., George, V. M., Bajaj, G., Namratha, H. G., & Bhat, J. S. (2017). Effect of working memory training on cognitive communicative abilities among young-and middle-aged adults. *Cogent Psychology, 4*(1), Article 1416885.

Newman, D. (2020). **학습잠재력을 쑥쑥 키워주는 작업기억 향상 워크북** (*Working memory activities: A workbook to stimulate memory skills*). (유정민, 최승균, 함선미 공역). 교육을 바꾸는 사람들. (원저는 2014년에 출판).

Westerberg, H., et al. (2007). Computerized working memory training after stroke-a pilot study. *Brain Injury, 21*(1), 21-29.

〈웹사이트〉

가정 인지재활 훈련 워크북. http://www.strokecog.com/Main/Intro.html

십분만에 키오스크 사용법 타파하기. https://www.youtube.com/watch?v=4mo24Bog_P0

Free Worksheets For Memory. https://www.happyneuronpro.com/en/free-cognitive-activities-for-adults/free-worksheets-21/march-2020-packet-21-memory/

Train your brain with Mentem. https://www.mentem.eu

저자 소개

이미숙(Lee Mi Sook)

고려대학교 불어불문학 학사

연세대학교 언어병리학 석사

연세대학교 언어병리학 박사

전 우송대학교 언어치료 · 청각재활학부 초빙교수

공주대학교 특수교육대학원 언어재활전공 객원교수

현 한림국제대학원대학교 청각언어치료학과 언어치료학전공 교수

〈주요 저 · 역서 및 논문〉

『신경언어장애 용어집』(공저, 학지사, 2020), 『노화와 인지-의사소통』(군자출판사, 2021), 『BCCD 인지-의사소통장애 간편검사』(공저, 인싸이트, 2021), 『인지-의사소통장애: 정보 처리 접근』(공역, 학지사, 2020), 『치매와 인지-의사소통: 인간 중심 재활』(공역, 학지사, 2022; 2023 세종도서 학술부문 선정), 『당신의 언어 나이는 몇 살입니까?: 말과 글의 노화를 막기 위한 언어병리학자의 조언』(남해의봄날, 2023; 2024 세종도서 교양부문 선정)

「외상성 뇌손상 환자의 인지-화용언어 능력에 대한 평가도구 개발 및 적용」(박사학위논문)

백려정(Baik Yeo Jung)

연세대학교 불어불문학 학사

연세대학교 언어병리학 석사

전 강남세브란스병원, 이화여대부속목동병원, 분당제생병원,

한림국제대학원대학교 한림언어재활연구실 언어재활사

현 한림국제대학원대학교 청각언어치료학과 언어치료학전공 초빙교수

〈주요 저서 및 논문〉

『신경언어장애 용어집』(공저, 학지사, 2020)

「실독증 환자들의 한자어와 고유어 소리내어 읽기 비교」(석사학위논문)

황은지(Hwang Eun Ji)

한림대학교 언어청각학부 언어병리학 학사

한림국제대학원대학교 언어치료학 석사

전 종로구다문화센터 언어재활사

현 언어발전소 파트너 언어재활사, 강동 소리의원 언어재활사

〈주요 논문〉

「주관적 인지저하 노인의 작업기억 기반 인지-의사소통 중재 효과」(석사학위논문)

작업기억 기반 인지-의사소통 워크북 2: 의사소통 편

노인 · 치매 · 실어증 언어재활

Working Memory Based Cognitive-Communication Workbook 2: communication

2025년 4월 15일 1판 1쇄 인쇄
2025년 4월 25일 1판 1쇄 발행

지은이 • 이미숙 · 백려정 · 황은지
펴낸이 • 김진환
펴낸곳 • (주) 학지사
04031 서울특별시 마포구 양화로 15길 20 마인드월드빌딩
대표전화 • 02)330-5114 팩스 • 02)324-2345
등록번호 • 제313-2006-000265호

홈페이지 • http://www.hakjisa.co.kr
인스타그램 • https://www.instagram.com/hakjisa

ISBN 978-89-997-3313-0 93180

정가 27,000원

MEMO